초등학생을 위한 사회성·감성 향상 프로그램

마음트리

본 교재의 수업용 활동지 및 교과목 연계표 PDF파일은 <교육을바꾸는사람들> 홈페이지 (http://21erick.org)에서 다운로드받아 사용하실 수 있습니다.
<교육을바꾸는사람들> 홈페이지 ▶ 출간도서 ▶『초등학생을 위한 사회성·감성 향상 프로그램 마음트리』▶ 자료 다운로드를 클릭하세요.

수업용 활동지는 저학년용과 고학년용으로 구분하여 제시했으며, 교과목 연계표는 현행 국정교과서 초등 전체 학년(1-6학년)의 국어, 도덕, 사회 교과서와 마음트리 수업활동을 연계해서 제시함으로써 선생님들의 수업 편의성을 높이고자 했습니다.

초등학생을 위한 사회성·감성 향상 프로그램

마음트리

성진아 지음

교육을바꾸는사람들

차례

01 | 공동체 이야기

02 | 자존감 이야기

03 | 감정 이야기

추천사

코로나 19 사태로 인해 아이들의 사회성·감성에 대한 걱정과 필요성이 커지고 있습니다. '마음트리' 프로그램은 공동체의식과 사회성·감성 역량 함양에 초점을 맞춘 다양한 수업으로 학생들의 인성을 길러주는 교육을 제공합니다. 특히 공감과 감정 조절 능력을 기르는 내용과 활동이 풍부해 사회성과 감성을 자연스럽게 내면화하도록 도와줍니다. 교사뿐 아니라 아이들의 정서적 안정감과 사회성, 소통, 배려 등의 균형 잡힌 인성을 길러주고 싶은 모든 이에게 이 책을 권합니다. '마음트리'를 통해 교사는 인성교육의 실제적 대안을 찾을 수 있고, 미래의 꿈나무인 우리 아이들은 공동체 안에서 남과 더불어 사는 법을 배울 것입니다.

서울 남부초 교사 **강미영**

'마음트리'는 성공적인 학교생활을 위해 학생들에게 가장 필요한 능력이 사회성·감성 역량이라는 전제 아래, 사회성·감성 역량의 중요한 요소를 '공동체, 자존감, 감정, 공감, 소통, 나눔'이라는 여섯 가지 주제에 녹여 그림책 읽어주기를 비롯한 다양한 활동으로 구성한 프로그램입니다. 이 프로그램을 학교 현장에 적용해본 결과, 학생과 교사 모두 사회성·감성 역량을 기르는 데 많은 도움을 받았기에 이 책의 발간을 누구보다 기다렸습니다.

'마음트리' 프로그램이 책으로 묶여 출간된다는 소식은 특히 초등학교 교사들에게는 단비 같은 소식입니다. 우수한 성적으로 교대에 입학하고 교사로서의 자질과 역량을 갖춘 뒤 임용시험을 거쳐 학교 현장에 나온 초임 교사들은 이론과 너무나 다른 현실에 맞닥뜨리면서 교직이 녹록지 않은 직업임을 느낍니다. 이는 비단 새내기 교사에게만 해당되는 일도 아닙니다. 요즘의 초등학교 교사들은 끊임없이 처리해야 할 업무와 민원으로 인해 학생들과 공감하고 소통하면서 제대로 가르치는 보람을 찾기가 쉽지 않습니다. 그런 교사들에게 이 책이 사회성·감성 교육의 길잡이가 되고, 이 프로그램을 함께하며 교사와 학생 모두 촉촉하고 말랑말랑한 감성을 회복하기 바랍니다.

포항 유강초 교사 **김막희**

최근 양질의 인성교육 활동이 많이 소개되고 있습니다. 인성교육 활동에 참여하는 학생들의 모습에 만족감을 표하면서도 며칠 후면 제자리로 돌아가는 것에 실망하곤 합니다. 무엇이 문제일까요? 교육이 단편적이기 때문이 아닐까요? 2015년에 「인성교육진흥법」이 제정된 이후, 다양하고 특색 있는 활동이 소개되고는 있지만 대개는 개인적 영역에 한정되어 있습니다. 학생들이 '나'에서 더 나아가 '나와 너, 우리'를 생각하고, 더 넓은 세상에서 의미 있는 삶의 주인공이 되도록 돕는 것은 어떨까요? 지속성과 체계성을 겸비한 사회성·감성 교육 프로그램인 '마음트리'를 달전초등학교 6학년 1반 24명의 학생들과 직접 실행해보았기에, 그 효과를 확신하는 바입니다.

포항 달전초 교사 **박미선**

6학년 학급에서 창의적 체험활동 시간, 교과서 재구성, 독서 단원 등을 활용해 '마음트리' 프로그램을 1년간 수업해보았습니다. 학년 초에는 도덕 시간에 반대로만 이야기하던 아이들이 '나눔을 직접 실천하는 아이들'로, 다른 사람의 입장에 공감하지 못하는 아이들에서 '눈물을 글썽이며 먼저 사과하는 아이들'로 서서히 변화하는 긍정적인 모습을 볼 수 있었습니다. 또, 이 프로그램은 교사인 저와 학생들의 관계를 더욱 친밀하게 만들어주었습니다. 어떻게 해야 학생들의 닫힌 마음을 열고 그들의 마음을 움직이는 수업을 할 수 있을까 고민하는 교사들, 학급 공동체에서 학생들의 사회성을 키워주며 관계 형성을 돕고자 하는 교사들에게 이 책을 강력히 추천합니다.

포항 창포초 교사 이윤주

'마음트리' 프로그램을 수업에 적용했을 때 학생들에게 나타나는 긍정적인 정서적 변화를 보며 그 효과를 실감했습니다. 이 책을 통해 '마음트리' 프로그램이 널리 알려지기 바라고, 많은 교사가 학급에 적용해보시기를 적극 추천합니다.

포항 장기초 교사 황윤복

마음의 힘을 키워주는 마음 탄탄 '마음트리' 프로그램으로 아이들과 소통하며, 행복하고, 긍정 정서 가득한 일상을 즐기고 있습니다. 이 책의 출간을 누구보다 기뻐하며 동료 교사분들에게도 권합니다.

포항 송곡초 교사 김경영

머리말

이 책의 제목인 '마음트리'는 '마음을 튼다(연다)', '마음이 나무(tree)처럼 자란다'는 두 가지 의미를 담고 있습니다. 그 의미처럼 아이들이 타인과 관계 맺으며 정서적으로 건강하게 성장하기를 바라고 아이들의 사회성, 감성, 인성을 길러주고자 하는 교사들에게 실질적인 도움을 주기 위해 이 프로그램을 개발하게 되었습니다.

한편으로, 사회성·감성 교육 프로그램을 개발하게 된 동기에는 개인적 고민이 크게 작용했습니다. 1990년대 후반부터 필자는 한국과 미국의 여러 교육 현장에 몸담으며 지역, 인종, 사회·경제적 배경이 다양한 학생들을 만났습니다. 그런 경험을 통해 학생의 능력, 인종, 사회·경제적 수준과 관계없이 정서적으로 어려움을 겪는 학생이 많으며, 정서적 어려움은 학교에서의 부적응, 문제 행동뿐 아니라 학습 부진으로 이어진다는 중요한 사실을 배웠습니다. 나아가, 교사와 학생의 신뢰 관계, 학급의 정서적 분위기, 그리고 학생 개개인의 정서지능이 학습에 미치는 영향이 얼마나 큰지 절감했습니다. 이러한 경험을 하면서 두 가지 질문을 품게 되었습니다. '교사로서 아이들의 지적 능력뿐 아니라 정서와 인성 발달을 어떻게 도울 수 있을까?' '능력과 배경이 어떠하든 아이들이 자신을 사랑하고 서로의 다른 점을 존중하며 더불어 행복하게 살아갈 수 있게 하려면 무엇을 어떻게 가르쳐야 할까?' 뉴욕의 부유층 자녀들이 대부분인 세인트앤스스쿨(St. Ann's School)이라는 사립학교에서 영재 아이들을 가르칠 때도, 뉴욕의 빈민가 할렘에 위치한 공립학교에서 학습 부진을 겪는 초등학생들을 일대일로 돕는 리딩버디(Reading Buddy) 일을 할 때도 이 두 가지 질문이 늘 마음에서 떠나지 않았습니다.

이 고민을 해결할 구체적인 교육 방법을 오랜 시간 찾아 헤맨 끝에 드디어 사회성·감성 교육(Social-Emotional Learning)이라는 신생 분야를 알게 되었고, 뉴욕에 위치한 모닝사이드센터에서 개발한 4Rs(Reading, Writing, Respect, & Resolution)라는 프로그램을 접하게 되었습니다. 그 후, 4Rs 프로그램을 성공적으로 실행해온 뉴욕의 한 공립초등학교를 2년에 걸쳐 연구해서 박사논문을 썼습니다. 이 연구를 하면서 깨달은 점은 사회성·감성 역량은 아이들이 속해 있는 학교라는 사회 공동체 속에서 또래 및 교사와의 상호작용, 모방학습, 대리학습 등을 통해 가장 효과적으로 길러진다는 것이었습니다. 아울러 학교 차원에서는 관계 중심의 문화를 우선 조성하며, 교사들을 일회성에 그치지 않고 지속적으로 뒷받침해야 사회성·감성 교육이 효과적이고 지속적으로 실행될 수 있다는 결론에 이르렀습니다.

교육 현장에서 얻은 경험과 깨달음은, 필자가 한국의 교육 현장에서 사회성·감성 교육의 필요성을 알리고, 교사들이 이러한 교육을 할 수 있도록 먼저 교사들의 정서적 돌봄과 배움을 지원하는 일을 하는 동력이 되었습니다. '마음트리' 프로그램은 이러한 노력의 결과물입니다.

학교교육에서 학생 개개인의 정서적 안정을 돕고 공동체 속에서 다른 이들과 더불어 살아가는 데 필요한 역량을 계발하는 동시에 학교폭력 예방을 목적으로 하는 사회성·감성 교육의 필요성이 세계적으로 부각되고 있습니다. 더 많은 직업과 일이 인공지능에 의해 대체될 미래에는 인간 고유의 능력인 공감 능력이나 갈등해결 능력, 협업 능력 등이 더욱 중요해지고 요구되기 때문입니다. 아니, 인공지능 시대에 필요한 능력 계발은 차치하더라도, 현재 코로나19 사태의 장기화로 인해 우리 아이들이 겪는 우울, 불안, 두려움 등 정서적인 문제를 학교 현장에서 외면해서는 안 될 것입니다. 이 시기에, 학교에서 학생들이 자신의 감정을 솔직하게 표현할 기회를 제공하고 그러한 감정을 어떻게 다뤄야 할지 알려주어 정서적으로 안정되도록 돕는 것이 더욱 필요하고 중요해졌습니다.

코로나19 사태를 겪으면서 우리는 인간이 얼마나 관계지향적인 존재인지 절실히 깨닫고 있습니다. 사람이 오랫동안 고립되거나 외로움을 느끼면 정서지능뿐 아니라 인지능력도 퇴보할 수 있습니다. 어서 이 상황이 진정되어 코로나 이전에는 미처 깨닫지 못했던, 공동체로 함께하는 기쁨을 누릴 수 있기를 기도합니다. 그러나 그 전에, 바로 지금 아이들의 정서 돌봄이 절실하기에 이 책에서는 '마음트리' 프로그램 중 비대면 환경에서도 실행할 수 있는 활동을 적시했습니다.

다시 모인 다양한 학교 현장에서 '마음트리' 프로그램이 유용하게 활용되고, 이를 통해 또래 관계뿐 아니라 교사와 학생들 간의 관계 향상, 학생과 교사가 모두 행복한 학교생활에 기여할 수 있기를 간절히 바랍니다.

마지막으로, 이 프로그램이 세상에 나올 수 있도록 도움을 주신 분들께 감사의 마음을 전하고 싶습니다. 지금의 '마음트리' 프로그램은 2014년에 초안이 만들어진 후 여러 초등학교에서 필자가 직접 수업해보기도 하고, 교사들과 함께 연구 모임을 하며 수업에 적용해본 피드백을 나누기도 하며 6년여의 현장 적용과 수정 작업을 거쳐 완성되었습니다. 먼저, 공교육 현장에서의 사회성·감성 교육의 활성화를 위해 이 프로그램 개발을 지원해주신 〈교육을바꾸는사람들〉의 이찬승 대표님께 깊은 감사의 마음을 전합니다. 바쁜 시간을 쪼개어 사회성·감성 교육 연구 모임에 참여하고 '마음트리' 프로그램을 학교 현장에서 적용하면서 피드백을 공유해주신 선생님들, 서울 남부초등학교, 신길초등학교, 포항 초등 사회성·감성 교육연구회, 그리고 대전 별무리 SEL연구회의 모든 선생님께 진심 어린 감사를 드립니다.

2020년 12월
성진아

사회성·감성 교육과 '마음트리'

1. 사회성·감성 교육이란

'사회성·감성 교육'을 영어로는 'Social-Emotional Learning(SEL)'이라고 합니다. 이 말을 문자 그대로 '사회·정서학습'이라고 번역하기도 하지만, 개념의 의미와 어감을 고려해 필자는 '사회성·감성 교육'으로 의역했습니다. SEL이라는 개념은 1994년 미국의 페처연구소(Fetzer Institute)에서 주최한 회의에서 처음 생겨났습니다(Greenberg et al., 2003). 또 이 회의에서는 학생의 정서적 돌봄, 정신건강 및 행동문제의 예방을 위한 교육을 정규 교육과정에 포함시키는 것을 목적으로, CASEL(Collaborative for Academic, Social, and Emotional Learning, 학업 및 사회·정서교육협회)이라는 협회를 결성했습니다. 그 후 이 협회는 이 분야의 대표 단체로서 학교교육에서 사회성·감성 교육을 활성화하는 노력과 자문을 꾸준히 해오고 있습니다(Kress & Elias, 2006).

CASEL에서는 사회성·감성 교육을 "자신의 감정을 인식하고 조절하며, 긍정적인 목표를 설정하고 달성하며, 타인의 입장을 공감하고, 긍정적인 대인관계를 형성하고 유지하며, 책임 있는 결정을 내리는 능력을 발달시키는 과정"으로 정의하고, 사회성·감성 교육을 통해 기르고자 하는 핵심 역량을 다음과 같이 5가지로 나누었습니다(CASEL, 2019).

1) 자기 인식(Self-awareness)

자신의 감정과 생각이 행동에 미치는 영향을 인지하는 능력을 말합니다. 자기 인식은 자신의 장단점을 인식하고 자긍심과 긍정적인 태도를 가지는 능력 또한 포함합니다.

2) 자기 관리(Self-management)

다양한 상황에서 자신의 감정, 생각, 행동을 조절하는 능력을 말합니다. 스트레스를 관리하고 충동을 조절할 뿐 아니라, 스스로 동기를 부여하고, 목표를 정하고 달성하기 위해 노력하는 능력을 포함합니다.

3) 사회적 인식(Social-awareness)

저마다 배경이 다른 타인의 입장을 이해하고 공감하며, 사회적 규범과 윤리적으로 올바른 행동이 무엇인지를 인식하고, 가족·학교·지역사회에서 얻는 자원과 지원을 인식하는 능력을 말합니다.

4) 대인관계 기술(Relationship skills)

다양한 개인 및 그룹과 건강하고 긍정적인 관계를 맺고 유지하는 능력을 말합니다. 대인관계 기술은 의사를 분명하게 표현하고 경청하고, 협력하고, 부적절한 사회적 압력에 저항하고, 갈등을 건설적으로 해결하며, 필요할 때 도움을 주거나 요청하는 능력을 포함합니다.

5) 책임 있는 의사결정(Responsible decision-making)

개인적 행동이나 사회적 상호작용을 할 때 윤리 기준, 안전, 사회규범, 자신과 타인의 안녕 등을 고려해 건설적이고 합리적인 선택을 하는 능력을 말합니다.

2. '마음트리'의 구성과 특징

'마음트리'는 사회성·감성 교육의 5가지 핵심 역량인 '자기 인식, 자기 관리, 사회적 인식, 대인관계 기술, 책임 있는 의사결정'을 초등학생들이 학급이라는 공동체 속에서 상호작용하며 기를 수 있도록 고안된 프로그램입니다. '마음트리'는 '막혀 있던 것을 치우고 통하게 하다', '서로 스스럼없이 사귀다'는 뜻을 지닌 '트다'에 의지 표현을 나타내는 어미 '리'를 붙인 말로, '마음을 트자(열자)'는 의미를 담은 이름입니다. 또 '마음이 나무(tree)처럼 자란다'는 의미도 담겼습니다.

이 프로그램은 크게 6개 주제별 대단원으로 이뤄져 있습니다. 대단원에서 다루는 사회성·감성 주제는 차례대로 '공동체, 자존감, 감정, 공감, 소통, 나눔'입니다. 하나의 대단원은 저학년용과 고학년용으로 나뉘어 각각 4개 소단원으로 구성되었고, 하나의 소단원은 1차시(40~45분 기준) 수업을 기준으로 설계되었습니다. 즉 '마음트리' 프로그램은 기본적으로 저학년과 고학년 각각 한 학년에 걸쳐 24차시 수업으로 진행하도록 고안되었습니다.

이 책에서 대단원은 교사에게 띄우는 글(「들어가며」)로 시작합니다. 학생들과 '마음트리' 수업을 하기 앞서 선생님이 해당 주제와 관련해 성찰하고 주제 수업의 큰 그림을 그려보는 자리입니다. 좀 더 알차고 성과 있는 교수활동에 도움이 되고자 준비했습니다. 아울러 주제와 관련해 도움이 될 정보를 함께 실었습니다.

'마음트리'의 각 소단원은 공동체, 자존감, 감정, 공감, 소통, 나눔이라는 주제에 쉽고 친근하게 다가갈 수 있는 그림책 읽어주기, 그림책의 주제이자 이 프로그램의 주제와 직간접으로 연관 있는 역할극, 신체활동 및 공동체 놀이, 음악감상 및 노래 부르기, 명상 등 다양한 활동을 포함하고 있습니다. 또 교사가 수업을 좀 더 쉽게 실행할 수 있도록 자세한 수업지도안과 함께 자료(학생 활동지와 교수 자료)를 제공하고 있습니다.

교수법 차원에서는 개별 활동, 짝 활동, 모둠 활동, 전체 활동 등 교실 수업에서 가능한 다양한 활동 형태를 적용하는 동시에 이들을 연계해 학생들이 상호작용하는 기회를 되도록 많이 제공했습니다. 사회성·감성 교육에서는 교육 내용뿐 아니라 활동 형태 역시 중요한 교육과정의 요소이기 때문입니다. 이 같은 맥락에서, 수업 활동을 활동에서 끝내지 않고, 학생들이 활동을 통해 느끼고 생각한 것을 친구 및 선생님과 공유하는 시간을 배치했습니다. 공동의 체험에서 일어난 저마다의 생각과 감정을 표현하고 나누는 과정은 서로를 더 잘 알아가고 서로에게 배우는 기회가 될 것입니다. 나아가 서로의 공통점과 다양성을 인식하고 이해하고 존중하는 태도를 기르는 장이기도 합니다.

비대면, 비접촉 상황에서도 사회성·감성 역량을 향상할 수 있도록 했습니다. '마음트리'는 본디 교사와 학생이 한 공간에서 함께하는 프로그램으로 기획되었습니다. 그러나 코로나19의 대유행으로 아이들이 학교에 가지 못하고, 가더라도 선생님, 친구들과 신체를 접촉하지 않아야 하는 상황이 장기화되고 있습니다. 언제 이 사태가 진정될지, 전에는 당연하게 여기던 일상으로 돌아갈 수는 있을지 요원한 것이 우리가 마주한 현실입니다. 한편으로는 '코로나 블루'라는 신조어가 생길 만큼, 코로나19의 확산과 일상의 변화로 인해 느끼는 불안, 우울, 무기력에서 우리 아이들 또한 자유롭지 못합니다. 어느 때보다 아이들의 마음 돌봄이 필요한 때입니다. 이에 이 책에서는 원격(온라인상)이나 비접촉 상황에서 실행할 수 있는 사회성·감성 수업 활동을 별도로 표시했습니다. '마음트리' 프로그램을 통해 선생님, 친구들과 물리적으로는 멀리해도 마음을 더욱 가까이하며 따뜻한 관계를 형성, 유지하고 정서적 안정을 찾는 경험을 할 수 있을 것입니다.

3. '마음트리'의 주요 활동

'마음트리' 과정의 주요 활동은 크게 5가지입니다.

1) 그림책 읽어주기

수업에 그림책을 활용하는 데에는 여러 가지 장점이 있습니다. 첫째, 그림책은 대개 30여 쪽 분량으로, 그림과 간결한 글을 담고 있습니다. 글 중심의 책에 비해 길이가 짧아 교사가 1차시 수업 시간에 활용하기 용이하고 학생들도 부담 없이 다가갈 수 있습니다. 둘째, 이야기와 그림이 주는 흥미 요소로 인해 학생들이 쉽게 몰입할 수 있습니다. 셋째, 학생들이 그림책에 등장하는 인물들에 감정을 이입하기 쉬워 공감 능력을 기르는 데 효과적입니다. 넷째, 그림책이라는 매체를 통해 학생들이 그림과 언어가 종합된 예술 작품을 경험함으로써 미적 감수성을 기를 수 있습니다. 마지막으로, 그림책은 이야기 자체가 삶의 지혜나 메시지를 줄 뿐 아니라 그와 관계있는 학생들의 경험과 생각을 이끌어내는 마중물 또는 좋은 매개체라는 장점이 있습니다.

'마음트리' 프로그램에서는 그림책을 학생이 직접 읽지 않고 교사가 읽어주도록 했습니다. 그 이유는 다음과 같습니다. 첫째, 그림책은 원래 누군가 읽어주는 것을 목적으로 디자인되었을 뿐 아니라, 누군가 읽어줄 때 그림책의 그림과 내용에 온전히 몰입할 수 있기 때문입니다. 학생 개개인이 읽을 경우, 글을 읽는 데 에너지를 집중함으로써 그림이 주는 메시지를 놓칠 수 있어 그림이라는 예술 작품에 온전히 몰입하기 힘듭니다. 둘째, 학생이 조용히 책을 읽을 때 그림책은 단지 시각만을 자극하지만, 누군가 소리 내어 천천히 읽어줄 때는 시각과 청각을 모두 자극합니다. 더 많은 감각을 동원하게 되어 기억에도 더 오래 남고 감동도 더 클 수 있습니다. 마지막으로, 교사와 학생들 사이에 정서적 유대 관계가 형성됩니다. 부모가 아이와 눈을 맞추고 교감하며 그림책을 지속적으로 읽어주면 아이와 부모 사이에 정서적 유대가 생기고 아이가 정서적 안정을 느끼듯이, 교사가 학생들과 눈을 맞추며 그림책을 읽어줄 때, 학생과 교사 간의 정서적 유대감이 형성될 수 있습니다. 저학년뿐 아니라, 고학년 학생도 그림책을 읽어주는 교사를 좋아합니다. 그러므로 학생들과 교사의 관계 맺기와 유대감을 위해서도 그림책 읽어주기는 '마음트리' 프로그램에서 매우 중요한 역할을 한다고 할 수 있습니다.

2) 역할극

역할극은 다른 사람의 입장이 되어봄으로써 공감하기를 연습할 수 있는 가장 좋은 방법입니다. 공감 능력을 기를 뿐 아니라 소통 능력을 기르는 데도 효과적입니다. 학생들이 그림책 속의 등장인물이 되어 역할극을 해봄으로써 등장인물의 마음을 느껴보거나 갈등을 해결하는 활동을 '마음트리' 프로그램에 배치한 이유입니다.

3) 공동체 놀이

학급 구성원들이 함께 몸을 움직여 참여하는 공동체 놀이는 친밀감을 형성하고 공동체 속에서 소속감을 느끼도록 하는 데 매우 효과적인 방법입니다. 서먹해하던 아이들도 공동체 놀이를 함께하면 아이스 브레이킹(Ice breaking) 효과가 있어 친해집니다. 공동체 놀이를 자주 하다 보면 규칙을 지키고, 서로 배려하며, 목표를 달성하기 위해 협동하는 태도를 기를 수 있습니다.

4) 음악감상 및 노래 부르기

음악감상과 노래 부르기는 정서를 안정시키는 데 도움이 됩니다. 음악은 곡조와 노랫말에 다양한 감정이 실려 있어 감정을 자극하는 훌륭한 매체입니다. '마음트리' 프로그램은 '감정'을 주제로 다루는 단원뿐 아니라 다양한 수업에 음악감상과 노래 부르기를 활용하고 있습니다. 또 수업 활동에 따라 배경음악을 들려줄 것을 권장하고 있습니다.

5) 마인드풀니스 명상

마인드풀니스(Mindfulness) 명상은 '알아차림' 또는 '마음 챙김'이라 불리는 명상의 한 형태입니다. 생각과 감정을 무조건 비우는 명상과 달리, 의식적으로 현재의 순간에 아무런 판단 없이 집중하는 명상법입니다(Kabat-Zinn, 2018; Langer, 2016). 뇌과학자들은 현재의 호흡, 신체의 감각, 생각, 감정을 있는 그대로 인식하게 하는 마인드풀니스 명상을 짧게라도 정기적으로 자주 하면 부정적인 감정을 진정시키고 스트레스를 줄이는 데 도움이 될 뿐 아니라, 뇌의 전두엽이 활성화돼 주의집중력이 높아진다고 합니다. 마인드풀니스 명상을 도입한 여러 나라 학교들에서 학생뿐 아니라 교사의 감정 조절, 집중력, 스트레스 관리, 공감 등의 능력이 향상되었다는 여러 연구 결과를 통해 마인드풀니스 명상의 효과가 입증되고 있습니다(Jennings et al, 2013; Sempel, Lee, Rosa & Miller, 2010). 이런 효과 덕에 최근 바쁘고 스트레스가 많은 직장인들 사이에서도 마인드풀니스 명상이 큰 인기를 얻고 있습니다.

학교에서 실행하는 사회성·감성 교육 차원에서는 특히 교사와 학생의 자기 인식, 자기 관리, 사회적 인식 역량을 향상시키는 데 도움을 주므로, '마음트리' 프로그램에서도 마인드풀니스 명상을 활용하고 있습니다.

4. '마음트리'의 이론적 배경

1) 욕구위계이론(Hierarchy of Needs)

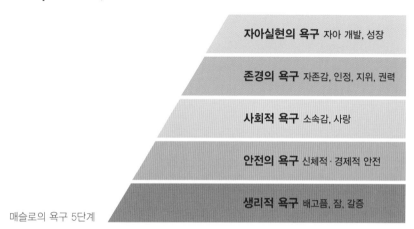

매슬로의 욕구 5단계

에이브러햄 매슬로(Abraham Maslow)는 인간에게 기본적인 5가지 욕구가 있고 그것들이 일련의 단계를 이룬다는 욕구위계이론을 주창했습니다(Maslow, 1954). 매슬로가 말하는 인간의 기본 욕구는 순서대로 생리적 욕구, 안전의 욕구, 사회적 욕구, 존경의 욕구, 자아실현의 욕구입니다. 하위 욕구를 채우는 것이 그다음 단계의 욕구를 추구하는 동기를 부여한다고 설명한 점에서 매슬로의 이론을 동기이론이라고 보기도 합니다. 즉, 인간이 자아실현의 욕구를 추구하는 단계로 가기 위해서는 생리적 욕구, 안전의 욕구, 사회적 욕구, 존경의 욕구가 먼저 채워져야 한다는 것입니다.

매슬로의 이론을 학교 상황에 적용해본다면, 학생들이 학습 및 자아 개발과 성장을 추구하는 단계로 가기 위해서는 학생들의 생리적 욕구, 안전의 욕구, 사회적 욕구, 존경의 욕구가 먼저 충족되어야 한다고 볼 수 있습니다. 즉, 배가 고프거나 몸이 아픈 상태, 안전을 위협받는 상황, 친구들에게서 따돌림을 당하거나 정서적 고통이 있는 상황에서는 배움과 성장에 대한 욕구가 생기기 어려울 것입니다. 따라서 '마음트리' 프로그램은 사회성·감성 능력 향상뿐 아니라 학업적 성장을 위해서도 학생들이 학교라는 공동체 속에서 정서적인 안전감(안전의 욕구), 소속감과 친밀감(사회적 욕구), 자존감(존경의 욕구)을 느낄 수 있도록 돕는 것을 중요한 목표로 삼고 있습니다.

2) 사회적 구성주의(Social Constructivism)

사회적 구성주의 이론에 따르면, 개인의 인지발달은 공동체 속에서 학습자의 언어적 교류와 사회적 상호작용을 통해 이루어진다고 합니다(Vygotsky, 1978). 특히, 교사와 부모를 비롯한 성인이나 자기보다 능력이 높은 또래와의 상호작용이 인지발달에 매우 중요하다고 봅니다. 레프 비고츠키(Lev Vygotsky)는 아동이 성인이나 유능한 또래와 상호작용하면서 다양한 관점을 경험하고 인지적 갈등을 겪으며, 이러한 갈등을 통해 자신의 생각이나 관점, 지식을 재평가하고 재구성한다고 보았습니다. 이러한 시각에서 보면 사회성·감성 역량 또한 스스로 습득할 수 있지 않고 학급 공동체 내에서 교사와 또래 친구와 상호작용하는 과정을 통해 개발된다고 할 수 있습니다. 따라서 '마음트리' 프로그램에는 공동체 구성원 간의 상호작용이 충분히 일어나도록 다양한 활동을 배치했습니다.

3) 사회학습이론(Social Learning Theory)

앨버트 밴듀라(Albert Bandura)의 사회학습이론에 따르면, 사람은 자신이 어떤 행동을 하거나 보상 또는 벌을 직접 받지 않아도, 다양한 사회적 관계에서 타인의 행동을 관찰하거나 어떤 행동의 결과로 타인이 보상 또는 벌을 받는 것을 관찰하는 것만으로도 학습이 일어난다고 합니다(Bandura, 1977). 다른 사람(모델)의 행동을 관찰함으로써 학습이 일어나는 것을 모델링 효과라고 하는데, 사람들은 대체로 연령이나 성별, 배경이 자기와 비슷한 사람, 어떤 분야의 전문가, 존경하는 인물의 언행을 모델링하는 경향이 강합니다. 따라서 사회성·감성 교육을 실행할 때 교사가 학생들에게 좋은 모델이 되도록 노력하는 것이 필요합니다. 또 학생들도 서로에게 좋은 모델이 될 수 있기에 사회성·감성 교육은 일대일로 행해지기보다 학급 차원에서 이루어지는 것이 효과적입니다. '마음트리' 프로그램은 학급을 비롯한 공동체를 기반으로 실행할 수 있도록 설계되었습니다.

5. '마음트리' 운영 방법

'마음트리' 프로그램은 저학년용(1~3학년)과 고학년용(4~6학년)으로 나뉘어 있습니다. 그러나 학년에 얽매이지 않고 저학년용은 기초, 고학년용은 심화 프로그램으로 간주하고 사용해도 좋습니다. 프로그램에 활용된 그림책들은 연령에 상관없이 활용할 수 있는 책이 대부분이기에, 저학년과 고학년 프로그램의 호환이 가능합니다. 또 대단원마다 '학교와 가정에서 함께 읽으면 좋은 그림책'을 추천했습니다. 수업에 지정된 그림책 외에 더 활용할 필요가 있을 때 참고하면 좋을 것입니다.

이 프로그램을 학교에서 가장 효과적으로 실행하는 방법은 창의적 체험활동 시간에 매주 1차시씩 대단원 순서대로 체계적으로 진행하는 것입니다(공동체 이야기 → 자존감 이야기 → 감정 이야기 → 공감 이야기 → 소통 이야기 → 나눔 이야기). 그러나 학급 상황이나 필요에 따라 단원 순서를 바꾸어 수업하는 것도 가능하며, 시간이 허락하지 않는다면 대단원별 4차시 중에서 2차시를 선택해 수업할 수도 있습니다. 그리고 국어, 도덕, 사회, 음악, 미술 등과 같은 교과목 시간에 관계있는 내용을 재구성하거나 응용해서 활용할 수도 있습니다. 교과목과 연계해 수업을 재구성할 때는 「'마음트리'와 초등 국정교과서 연계 분석표」(p.23~26)를 참고하기 바랍니다. 2015년 개정 교육과정 성취기준에 따른 국정교과서(2018년 이후 발행)를 분석해서 '마음트리'의 단원 및 사회성·감성 역량과 관련된 내용이 있는 교과목과 학년, 쪽수를 표시했습니다.

사회성·감성 교육을 실행하는 것은 중요하지만, 그보다 더 중요한 것은 교육의 연속성입니다. 학생들이 수업에서 배운 지식과 기술을 내재화하기 위해서는 연습할 기회가 충분해야 하고, 이를 위해 사회성·감성 수업에서 배운 내용을 해당 수업시간 외에도 연습하고 적용할 기회를 최대한 마련해줘야 합니다. 예컨대 쉬는 시간이나 점심시간에 학생들 사이에 갈등이 생겼을 때 교사가 문제를 해결해주기보다 필요한 만큼만 안내하고, 학생들이 수업에서 배운 것을 활용해 갈등을 스스로 해결하도록 기회를 준 다음에 긍정적인 피드백을 주는 것이 좋습니다. 또 교육효과를 극대화하기 위해서는 사회성·감성 교육을 '마음트리' 수업으로 그치지 않고 학급경영, 교과목 수업을 비롯해 학교생활 전반에 연계할 것을 권합니다. 학교 전체가 사회성·감성 역량을 기르는 장이 되도록 학교 차원에서 환경을 조성하는 것 역시 필요합니다. 이런 점에서 '마음트리' 프로그램 실행 및 사회성·감성 교육에서는 교사의 역할이 매우 중요합니다.

사회성·감성 교육이 가정에서도 이어지도록 학교에서 실행하는 교육을 알림장이나 학급 SNS 등을 통해 부모와 정기적으로 공유하기를 적극 권합니다. 학생들이 활동하는 모습이나 그 결과를 사진 찍어 공유하는 것도 좋은 방법입니다. '학교와 가정에서 함께 읽으면 좋은 그림책' 목록을 공유하여 부모님이 자녀와 함께 그림책을 읽고 이야기 나누게 하거나, '마음트리' 프로그램에서 다루는 6가지 대주제와 관련해 집에서 가족이 함께할 수 있는 과제를 내주는 것도 좋은 방법입니다.

마지막으로, 사회적 거리두기가 장기화될수록 아이들의 마음 돌봄과 공동체의식 고취가 더욱 중요하다는 점을 다시 강조하고 싶습니다. 이런 시기에는 원격(온라인) 수업에 적용할 수 있는 활동

(🖥), 교실에서 비접촉을 유지하며 할 수 있는 활동(👆👍) 중심으로 프로그램을 운영할 수 있습니다.

코로나19의 대유행과 같은 사건은 이번 한 차례에 그치지 않고 언제든 다시 올 수 있습니다. 그 이전의 일상으로는 다시 돌아가지 못할 공산이 매우 큽니다. 포스트코로나 시대 교육의 새 기준을 세울 필요성이 대두되는 이유입니다. 비대면, 비접촉이라는 새로운 조건에서 아이들의 사회성과 감성을 함양하는 수업 양식을 고민하는 선생님들에게 '마음트리'가 도움 되기 바랍니다.

참고 문헌

Bandura, A. (1977). *Social learning theory.* Englewood Cliffs, NJ: Prentice-Hall.

Collaborative for Academic, Social, and Emotional Learning (2019). Retrieved from What is SEL? http://www.casel.org/what-is-sel.

Greenberg, M., Weissberg, R., O'Brien, M., Zins, J., Fredericks, L., Resnik, H., & Elias, M. (2003). Enhancing school-based prevention and youth development through coordinated social and emotional learning. *American Psychologist*, 58, 466-474.

Jennings, P., Frank, J., Snowberg, K., Coccia, M., & Greenberg, M. (2013). Improving classroom learning environments by cultivating awareness and resilience in education (CARE): Results of a randomized controlled trial. *School Psychology Quarterly*, 28(4), 374–390.

Kabat-Zinn, J. (2018). *Mindfulness is not what you think*. New York, NY: Hachette Books.

Kress, J., & Elias, M. (2006). Building learning communities through social and emotional learning: Navigating the rough seas of implementation. *Professional School Counseling*, 10(1), 102-107.

Langer, E. (2016). *Power of mindful learning*. Boston, MA: De Capo Press.

Maslow, A. (1954). *Motivation and personality*. New York, NY: Harper & Row. Publishers, Inc.

Semple, R. J., Lee, J., Rosa, D., & Miller, L. F. (2010). A randomized trial of mindfulness-based cognitive therapy for children: promoting mindful attention to enhance social-emotional resiliency in children. *Journal of Child and Family Studies*, 19(2), 218–229.

Vygotsky, L. S. (1978). *Mind in society: The development of higher psychological processes.* Cambridge, MA: Harvard University Press.

'마음트리' 편성표

1. 저학년 프로그램

대단원	주제	소단원	내용
1	공동체 이야기	1 ㅣ 우린 혼자가 아니야 2 ㅣ 더불어 사는 우리 3 ㅣ 함께여서 좋아 4 ㅣ 행복한 공동체	• 협동의 힘 체험하기 • 공동체 구성원과 친밀감 형성하기 • 공동체 속에서 소속감 가지기 • 행복한 공동체에 필요한 것 알기
2	자존감 이야기	1 ㅣ 달라도 괜찮아 2 ㅣ 나는 특별해 3 ㅣ 있는 모습 그대로 4 ㅣ 소중한 나	• 서로의 차이와 다양성 존중하기 • 자신의 장점 알기 • 다른 사람과 비교하지 않기 • 자신이 가진 것의 소중함 알기
3	감정 이야기	1 ㅣ 기분이 어때? 2 ㅣ 감정은 소중해 3 ㅣ 내가 화날 때 4 ㅣ 감정을 진정시켜요	• 감정에 따른 얼굴 표정 알기 • 자신의 감정 상태 알아차리기 • 다양한 감정 표현 어휘 사용하기 • 분노를 진정시키는 방법 활용하기
4	공감 이야기	1 ㅣ 감정을 나눠요 2 ㅣ 온몸으로 들어요 3 ㅣ 마음이 따듯해 4 ㅣ 위로가 필요해	• 경청과 공감의 의미 알기 • 경청과 공감의 태도 이해하기 • 타인의 감정에 공감하기 • 친구 위로하기
5	소통 이야기	1 ㅣ 관점은 다양해 2 ㅣ 틀린 건 아니야 3 ㅣ 소통이 필요해 4 ㅣ 갈등을 해결해요	• 다양한 관점 존중하기 • 고정관념, 편견 버리기 • 소통을 위한 언어 사용하기 • 비폭력적으로 갈등 해결하기
6	나눔 이야기	1 ㅣ 가까이 있는 나눔 2 ㅣ 내가 할 수 있는 나눔 3 ㅣ 풍성한 나눔 4 ㅣ 나누는 기쁨	• 나눔의 의미 알기 • 다양한 나눔의 방법 찾기 • 나눔의 기쁨 체험하기 • 내가 할 수 있는 나눔 탐색하기

2. 고학년 프로그램

대단원	주제	소단원	내용
1	공동체 이야기	1 | 서로 돕는 우리 2 | 함께하는 우리 3 | 공동체와 나 4 | 우리는 공동체	• 협동의 힘 체험하기 • 공동체 구성원과 친밀감 형성하기 • 공동체에 기여하는 방법 찾기 • 공동체에 대한 책임감 가지기
2	자존감 이야기	1 | 특별한 나 2 | 장점을 찾아라! 3 | 다름을 존중해요 4 | 소중한 우리	• 자신이 가진 것의 소중함 알기 • 나와 친구의 강점 알기 • 서로의 다름 존중하기 • 자아존중감 기르기
3	감정 이야기	1 | 나의 감정 날씨는 2 | 감정을 느껴요 3 | 내 감정 만지기 4 | 울어도 괜찮아	• 자신의 감정 읽기 • 감정에 따른 신체반응 알기 • 내 감정 어루만지기 • 부정적인 감정 관리하기
4	공감 이야기	1 | 감정을 읽어요 2 | 경청이 뭔가요? 3 | 위로해요 4 | 서로가 필요해	• 경청과 공감의 의미와 태도 이해하기 • 경청하고 공감하기 • 친구 위로하기 • 긍정적으로 바라보기
5	소통 이야기	1 | 관점은 달라요 2 | 대화가 필요해 3 | 너도 나도 원원 4 | 사과하는 용기	• 상대적 관점 이해하기 • 나-전달법으로 대화하기 • 원원전략으로 갈등 해결하기 • 진심이 전해지는 사과 방법 익히기
6	나눔 이야기	1 | 행복한 나눔 2 | 행복 양동이를 채워요 3 | 더 아름다운 세상 4 | 나눔을 실천해요	• 나눔의 의미 알기 • 행복을 주는 말과 행동 나누기 • 내가 할 수 있는 나눔 탐색하기 • 더 나은 세상 만들기

3. '마음트리' 프로그램에 활용된 그림책

학년	주제	글, 그림	출판사
저학년	브레멘 음악대	그림 형제, 리즈베트 츠베르거	어린이작가정신
	헤엄이	레오 리오니	시공주니어
	나 좀 멋져	정재경	한솔수북
	난 등딱지가 싫어!	요시자와 게이코	찰리북
	오늘 내 기분은…	메리앤 코카-레플러	키즈엠
	소피가 화나면, 정말 정말 화나면	몰리 뱅	작은곰자리
	로쿠베, 조금만 기다려	하이타니 겐지로, 초 신타	양철북
	테푸할아버지의 요술 테이프	박은경, 김효주	고래이야기
	늑대가 들려주는 아기 돼지 삼 형제 이야기	존 셰스카, 레인 스미스	보림
	일곱 마리 눈먼 생쥐	에드 영	시공주니어
	파이는 나눔을 위한 거야	스테파니 레드야드, 제이슨 친	보물창고
	돌멩이 수프	마샤 브라운	시공주니어
고학년	길 아저씨 손 아저씨	권정생, 김용철	국민서관
	위대한 가족	윤진현	천개의바람
	중요한 사실	마거릿 와이즈 브라운, 최재은	보림
	세상에서 가장 아름다운 달걀	헬메 하이네	시공주니어
	42가지 마음의 색깔	크리스티나 페레이라 외, 가브리엘라 티에리 외	레드스톤
	눈물바다	서현	사계절
	가만히 들어주었어	코리 도어펠드	북뱅크
	오소리가 우울하대요	하이어윈 오람, 수전 발리	보물창고
	반이나 차 있을까 반밖에 없을까?	이보나 흐미엘레프스카	논장
	여섯 마리 까마귀	레오 리오니	마루벌
	날마다 행복해지는 이야기	캐럴 매클라우드, 데이비드 메싱	열린어린이
	미스 럼피우스	바버라 쿠니	시공주니어

'마음트리'와 초등 국정교과서 연계 분석표

※ 2015년 개정 교육과정 성취기준에 따른 2018년 이후 교과서 기준

대단원	저학년 과정	국정교과서	고학년 과정	국정교과서
1 **공동체 이야기**	1ㅣ우린 혼자가 아니야		1ㅣ서로 돕는 우리	도덕 4 4단원 pp.70~85 ▶협동
	2ㅣ더불어 사는 우리		2ㅣ함께하는 우리	도덕 4 4단원 pp.70~85 ▶협동
	3ㅣ함께여서 좋아	도덕 3 1단원 pp.8~9 ▶공동체의 필요성	3ㅣ공동체와 나	여름 2-1 1단원 pp.32~35 사회 4-2 4단원 pp.175~177 ▶공동체와 나의 역할 도덕 3 3단원 pp.40~53 ▶행복한 가족
	4ㅣ행복한 공동체	여름 2-1 단원 pp.32~35 ▶공동체와 나의 역할	4ㅣ우리는 공동체	도덕 4 2단원 pp.24~37 ▶공동체와 예절
2 **자존감 이야기**	1ㅣ달라도 괜찮아	겨울 2-2 1단원 pp.30~31 ▶다양성 존중 도덕 5 3단원 pp.48~57 ▶타인과 비교하지 않기	1ㅣ특별한 나	도덕 6 1단원 p.11 ▶자기 표현 (『중요한 사실』 일부 수록)
	2ㅣ나는 특별해		2ㅣ장점을 찾아라!	국어 5-1가 1단원 pp.40~43 ▶칭찬하기 도덕 4 3단원 pp.40~45 ▶장점 가꾸기 도덕 6 1단원 pp.12~15 ▶장점 찾기
	3ㅣ있는 모습 그대로	도덕 3 2단원 pp.34~35 ▶나의 장점 알기	3ㅣ다름을 존중해요	사회 4-2 3단원 pp.116~123 사회 6-2 1단원 pp.55~57 사회 6-2 2단원 pp.153~156 ▶다양성 존중 도덕 4 6단원 pp.102~117 ▶타 문화 존중 도덕 5 3단원 pp.48~57 ▶자아존중감
	4ㅣ소중한 나		4ㅣ소중한 우리	도덕 5 3단원 pp.48~57 ▶소중한 나

대단원	저학년 과정	국정교과서	고학년 과정	국정교과서
3 감정 이야기	1 │ 기분이 어때?	국어 1-2나 6단원 pp.164~165 국어활동 1-2 6단원 pp.60~63 국어 1-2나 9단원 pp.240~243 국어 2-1가 3단원 pp.48~57 ▶감정 표현	1 │ 나의 감정 날씨는	
	2 │ 감정은 소중해	봄 2-1 1단원 pp.44~45 국어 1-2가 2단원 p.43 국어 2-1가 3단원 pp.64~66 국어 2-2가 4단원 p.92 국어 2-2나 7단원 pp.182~189 국어활동 3-2 9단원 pp.104~114 국어 4-1나 10단원 pp.276~278 국어활동 4-1 10단원 pp.90~94 ▶감정과 표정	2 │ 감정을 느껴요	
	3 │ 내가 화날 때	국어 3-2나 6단원 pp.191 ▶감정 조절	3 │ 내 감정 만지기	도덕 5 2단원 pp.26~41 ▶감정 조절
	4 │ 감정을 진정시켜요	봄 2-1 1단원 pp.46~47 ▶감정 조절	4 │ 울어도 괜찮아	
4 공감 이야기	1 │ 감정을 나눠요	국어 2-2가 1단원 pp.32~33 국어 2-2가 4단원 p.93, pp.100~104 국어활동 2-2 4단원 pp.24~33 국어활동 3-1 10단원 p.104 국어 3-2나 6단원 p.189, pp.192~195 국어활동 3-2 6단원 pp.62~66 ▶공감	1 │ 감정을 읽어요	국어 4-1나 10단원 pp.274~297 국어 5-1가 1단원 pp.55~58 ▶공감
	2 │ 온몸으로 들어요		2 │ 경청이 뭔가요?	국어 5-1가 1단원 pp.34~37, pp.55~58 국어 5-2가 1단원 pp.28~39 국어 5-2나 5단원 p.205 ▶경청
	3 │ 마음이 따뜻해	국어 5-1가 1단원 pp.55~58 ▶경청과 공감 도덕 3 2단원 pp.30~31 ▶고민 나누기	3 │ 위로해요	도덕 4 6단원 pp.106~107 ▶고민 나누기
	4 │ 위로가 필요해		4 │ 서로가 필요해	

대단원	저학년 과정	국정교과서	고학년 과정	국정교과서
5 소통 이야기	1 │ 관점은 다양해		1 │ 관점은 달라요	
	2 │ 틀린건 아니야		2 │ 대화가 필요해	사회 3-2 3단원 pp.108~111 ▶갈등 해결 도덕 3 1단원 pp.14~16 도덕 5 5단원 pp.96~111 ▶나-전달법 도덕 5 2단원 pp.30~31 ▶감정 표현
	3 │ 소통이 필요해		3 │ 너도 나도 윈윈	국어 5-2가 3단원 pp.104~123 ▶문제 해결 국어 5-1나 6단원 pp.184~211 도덕 5 5단원 pp.96~11 ▶윈윈전략 사회 3-2 3단원 pp.108~111 사회 4-1 3단원 pp121~125 사회 6-1 1단원 pp.40~49 ▶갈등 해결
	4 │ 갈등을 해결해요	국어 1-2가 3단원 p.91 국어 1-2나 6단원 pp.168~169 ▶의사소통 국어 3-2나 6단원 pp.204~207 도덕 3 1단원 pp.14~16 ▶갈등해결 도덕 3 6단원 pp.110~113 ▶문제해결	4 │ 사과하는 용기	

대단원	저학년 과정	국정교과서	고학년 과정	국정교과서
6 나눔 이야기	1 ‖ 가까이 있는 나눔	가을 1-2 1단원 pp.66~75 ▶이웃 사랑 도덕 3 1단원 pp.10~13 ▶우정 도덕 3 5단원 pp.98~100 ▶나눔	1 ‖ 행복한 나눔	도덕 6 2단원 pp.24~41 ▶나눔
	2 ‖ 내가 할 수 있는 나눔	겨울 1-2 2단원 pp.124~129 ▶친구 사랑(비밀 친구) 국어 2-2가 4단원 pp.112~116 국어 2-2나 10단원 pp.250~261 국어 3-1가 4단원 pp.108~112 ▶친절한 말 국어활동 2-2 10단원 pp.80~82 ▶칭찬하는 말 도덕 3 1단원 p.17 ▶배려	2 ‖ 행복 양동이를 채워요	국어 4-2가 2단원 pp.60~83 ▶행복을 주는 말
	3 ‖ 풍성한 나눔		3 ‖ 더 아름다운 세상	국어 3-1나 8단원 pp.234~237 ▶아름다운 학교 국어 6-2나 6단원 pp.248~253 ▶환경 사회 6-2 1단원 p.91 ▶지구촌 문제 도덕 6 6단원 pp.118~128 ▶지구촌 문제 해결
	4 ‖ 나누는 기쁨		4 ‖ 나눔을 실천해요	도덕 3 5단원 pp.98~100 ▶나눔 도덕 3 6단원 pp.122~133 도덕 4 ‘도덕수업 1’ pp.54~69 도덕 6 2단원 pp.24~41 ▶나눔 실천 도덕 6 ‘도덕수업 1’ pp.64~75 ▶재능 나눔 사회 6-2 2단원 pp.120~124 사회 6-2 2단원 pp.157~159 ▶지구촌 문제

'마음트리' 교수학습 지도안 사용법

* 들어가며

교사가 대단원 주제(공동체, 자존감, 감정, 공감, 소통, 나눔)에 대해 성찰하는 자리입니다. 또 주제 수업의 큰 그림을 그리는 데 도움 되는 정보를 담았습니다.

* 단원 소개

대단원을 조망할 수 있는 개괄적 정보와 함께, 더 읽어보면 좋은 그림책 정보를 실었습니다.

* 소단원

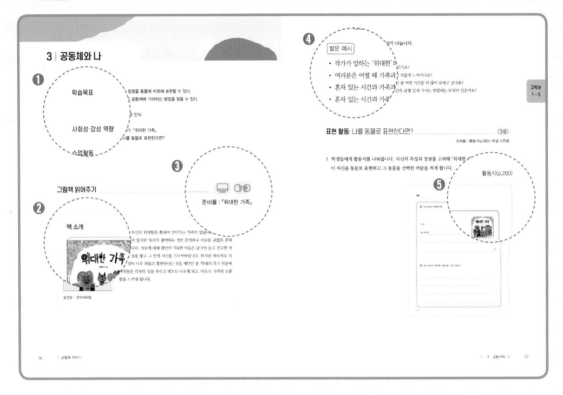

① 소단원 시작 | 학습목표, 키우고자 하는 사회성·감성 역량 요소, 수업 활동 등 소단원 개요입니다.

② 책 소개 | 교사가 그림책 내용을 미리 알 수 있게 했습니다.

③ 아이콘 | 🖥 는 비대면 수업, 💬👥 는 교실에서 비접촉을 유지하며 할 수 있는 활동을 나타냅니다.

④ 예시 | 교사의 교수활동을 돕는 발문이나 방법을 보기로 들었습니다.

⑤ 활동지 | 해당 활동자료가 쓰이는 곳에 자료 쪽수와 이미지를 명시해 교사가 수업 흐름과 내용을 쉽게 알 수 있게 했습니다.

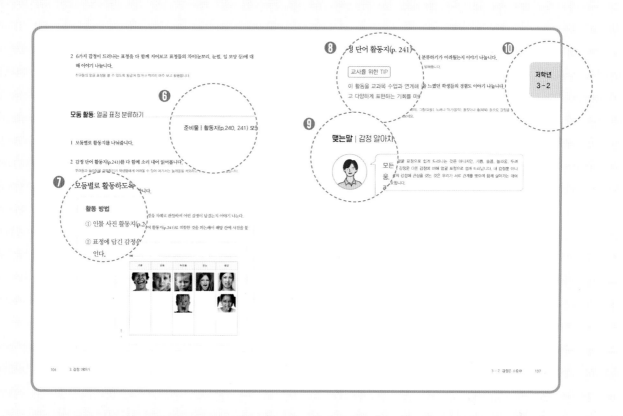

⑥ 준비물 | 수업을 위해 교사가 준비해야 할 것을 해당 활동에 명시했습니다.

⑦ 활동 방법 | 학생들 스스로 할 수 있도록 교사가 미리 절차를 알려줄 필요가 있는 활동을 설명했습니다.

⑧ 교사를 위한 TIP | 활동의 의미에 대한 추가 설명, 연계·심화 학습, 관련 정보, 수업 운영 등과 관련한 정보를 제시했습니다.

⑨ 맺는말 | 수업을 마무리하는 교사의 말 예시입니다. 수업 주제를 강조하고 앞으로 실천할 점을 제시했습니다.

⑩ 책 귀 | 저학년용과 고학년용을 구분해 쉽게 찾을 수 있게 했습니다.

01 | 공동체 이야기

들어가며

공동체의 의미

공동체

우리 모두는 마음의 고향을 그리워한다.
한 번도 가본 적 없는 곳,
반쯤 기억 속에 또 반쯤은 마음속에 그려보며,
그저 이따금 언뜻언뜻 볼 수 있는 그곳의 이름은
공동체

그곳에서는 말이 목에 걸리지 않고,
열정으로 이야기 나눌 수 있는 사람들이 있다.
맞잡은 손은 우리를 받아들이기 위해 열리고
우리를 맞이하는 눈은 빛나며
우리가 스스로의 힘을 찾을 때마다 함께 축하하는 목소리가 있다.

공동체는
해야 할 일을 하기 위해 우리가 모은 힘이며
서로가 비틀거릴 때 잡아주는 팔들이다.
치유가 일어나는 둥근 원이며
둥글게 모여 있는 친구들이다.
우리가 자유로울 수 있는 바로 그곳이다.

– 스타호크(Starhawk), 『Dreaming the dark(어둠을 꿈꾸며)』(Beacon Press, 1982)

성찰을 위한 질문

- 이 글을 읽고 그려지는 공동체는 어떤 모습인가요?
- 선생님에게는 진심 어린 축하와 위로를 주고받는 공동체가 있는지요?
- 선생님의 학급이 정시적으로 안전하고 포용적인 공동체가 되기 위해서는 무엇이 필요할까요?

공동체 세우기

사람은 다양한 형태의 공동체에 속해 타인과 더불어 살아갑니다. 우리가 인성이나 사회성, 감성을 말할 때, 이는 다른 이들과 관계 맺으며 조화롭게 살아가는 데 필요한 능력을 의미합니다. 타인과의 상호작용 없이 혼자 살아간다면 그런 능력이 필요하지도 않을 것이며, 그 능력을 가르치고 배울 방법도 없을 것입니다. 즉, 공동체는 우리의 사회성과 감성이 필요한 곳이자 그런 능력을 연습하고 계발하는 장이기도 합니다. 우리가 안전하고 신뢰할 수 있는 공동체 속에서 관심과 도움, 지지를 주고받을 때 서로 연결되어 있다고 느끼며 소속감과 자존감이 향상될 수 있습니다. 반면, 정서적 안전감과 구성원 간의 신뢰가 없는 공동체는 쉽게 깨지고 구성원들은 무기력감을 느낄 것입니다.

학교를 비롯한 교육 현장에서 공동체 구성이 달라지는 시기에는 안전하고 신뢰할 수 있는 공동체 분위기를 조성하고 구성원 간의 이해와 소속감을 강화하는 활동에 시간을 충분히 할애하는 것이 매우 중요합니다. 이를 '공동체 세우기(Community building)'라고 합니다. '마음트리' 프로그램의 첫 단원 주제로 '공동체'를 제시한 데에는 공동체 세우기의 중요성이 반영되어 있습니다. 학년 초에 더불어 살아가는 것의 유익과 공동체의 필요성을 학생들이 느끼고 공동체의식을 기르도록 하기 위해서는 학급경영과 수업 시간을 통해 다음과 같은 분위기를 조성하고 이를 위한 활동에 시간을 할애하는 것이 필요합니다.

① 경쟁이 아닌 협동을 장려하는 분위기
② 공동체 구성원의 다양성을 존중하는 분위기
③ 서로의 감정에 관심을 갖고 존중하는 분위기
④ 구성원이 자발적으로 규칙을 만들고 이를 따르며 책임지는 분위기
⑤ 실수가 허용되는 포용적인 분위기

공동체 구성원이 모두 참여하는 놀이나 활동은 공동체를 세우는 데 여러 면에서 도움이 됩니다. 첫째, 즐거운 경험을 공유함으로써 공동체 구성원이 긴장을 풀고 서로 친해지는 기회를 제공합니다. 둘째, 규칙과 약속을 지키는 경험을 할 수 있습니다. 셋째, 협동의 유익을 체험할 수 있습니다. 마지막으로, 몸을 움직이거나 웃을 때 몸속에서 엔도르핀이 분비되어 행복을 느끼고 스트레스가 감소합니다. 이렇듯 많은 유익이 있는 공동체 놀이를 학년 초뿐 아니라 정기적으로 꾸준히 해보기를 권장합니다.

학생들이 학급, 학교라는 공동체 속에서 안전함을 느끼고 소속감과 친밀감을 느낄 때, 학업 능률도 오를 뿐 아니라 저마다의 잠재력도 더욱 잘 발휘할 수 있습니다.

단원 소개

단원 목표 및 주요 활동

이 단원은 학생들이 공동체 속에서 더불어 생활하는 것의 유익을 체험하고 느끼는 것을 목표로 합니다. 학생들은 나와 다른 이들과 함께하면 불편한 점도 있지만, 서로의 다른 점을 존중하고 서로의 강점으로 서로의 약점을 보완하며 협동할 때 누리는 기쁨과 유익이 더 크다는 것을 배울 것입니다. 누구에게나 소속감에 대한 욕구가 있습니다. 새로운 친구와 선생님을 만나는 학년 초에는 특히 자신이 속한 공동체에서 관계를 잘 형성하고 소속감과 친밀감을 느끼는 것이 매우 중요합니다.

이 단원에서 학생들은 협동의 힘을 체험하고, 학급이라는 공동체의 구성원들과 친밀감을 형성하며, 소속감과 공동체의식을 느끼는 활동을 합니다.

단원 구성 및 내용

학년	소단원	내용
저학년	1 | 우린 혼자가 아니야 2 | 더불어 사는 우리 3 | 함께여서 좋아 4 | 행복한 공동체	• 협동의 힘 체험하기 • 공동체 구성원과 친밀감 형성하기 • 공동체 속에서 소속감 가지기 • 행복한 공동체에 필요한 것 알기 • 공동체에 기여하는 방법 찾기 • 공동체에 대한 책임감 가지기
고학년	1 | 서로 돕는 우리 2 | 함께하는 우리 3 | 공동체와 나 4 | 우리는 공동체	

이 단원에서 활용한 그림책

학년	제목	글, 그림	출판사
저학년	브레멘 음악대	그림 형제, 리즈베트 츠베르거	어린이작가정신
	헤엄이	레오 리오니	시공주니어
고학년	길 아저씨 손 아저씨	권정생, 김용철	국민서관
	위대한 가족	윤진현	천개의바람

학교와 가정에서 함께 읽으면 좋은 그림책

제목	글, 그림	출판사	주제 · 키워드
개구리네 한솥밥	백석, 강우근	길벗어린이	공동체, 나눔
새로운 가족	전이수	엘리	공동체, 가족, 장애
내 거야!	레오 리오니	시공주니어	공동체, 관계
텅 빈 냉장고	가에탕 도레뮈스	한솔수북	공동체, 나눔
도서관에 간 사자	미셸 누드슨, 케빈 호크스	웅진주니어	존중, 규칙
여우씨의 새 집 만들기	정진호	위즈덤하우스	협동
균형	유준재	문학동네	협동

1 | 우린 혼자가 아니야

학습목표	● 협동이 유익함을 이해한다.
	● 서로를 배려하며 행동할 수 있다.
사회성·감성 역량	● 자기 관리, 대인관계 기술, 책임 있는 의사결정
수업활동	● 그림책 읽어주기: 『브레멘 음악대』
	● 협동 게임: 균형잡기

그림책 읽어주기 _____

준비물 | 『브레멘 음악대』

책 소개

그림 형제 · 리즈베트 츠베르거 |
어린이 작가정신

옛날 어느 농장에 평생 주인을 위해 일한 당나귀가 있었습니다. 당나귀가 늙어 기력이 쇠하자 주인은 당나귀를 없애려고 합니다. 이를 눈치챈 당나귀는 도망쳐서 브레멘 읍내로 향합니다. 도중에 자신과 처지가 비슷한 늙은 개와 고양이, 닭을 만나고, 그들과 함께 브레멘으로 가서 음악대를 만들기로 합니다. 온종일 걷느라 배고프고 지친 동물들은 마침 맛난 음식이 차려진 집을 발견하지만 그곳은 이미 도둑들 차지였습니다. 동물들은 꾀를 내어 도둑들을 쫓아내고 그 집에서 음악대를 만들어 연주하며 오래오래 행복하게 살았습니다.

---

1 학생들에게 그림을 보여주며 『브레맨 음악대』를 읽어줍니다.

동물이 새로 등장할 때마다 그 동물이 내는 소리를 학생들이 흉내 내게 합니다. 마지막 장면에서는 각 동물의 소리를 한꺼번에 냅니다.

2 주인공의 기분, 주인공과 비슷한 경험에 대해 이야기 나눕니다.

발문 예시

- 주인이 당나귀를 없애려는 걸 알았을 때 당나귀 기분이 어땠을까요?
- 동물들이 힘을 합쳐 도둑들을 쫓아낼 때 어떤 기분이 들었을까요?
- 어려운 일을 여럿이 힘을 합쳐 해낸 적이 있나요? 그때 기분이 어땠어요?

협동 게임: 균형잡기

준비물 | 타이머

1 책상을 한곳으로 밀어 활동 공간을 마련한 다음, 모두 일어서게 합니다.

2 다음 활동을 차례로 합니다.

이때 교사가 타이머로 3분을 재거나, 학생들이 소리 내어 수를 셉니다.

활동 방법

① 각자 차렷 자세에서 양팔을 몸에 붙인 채, 한 다리로 서서 오래 버티기

② 둘씩 짝지어 마주 보고 서로의 양 손바닥을 맞댄 채 한 다리로 서서 오래 버티기

③ 모든 학생이 원을 이루어 선 다음, 좌우 옆 사람과 손바닥을 맞댄 채 한 다리로 서서 오래 버티기

① 혼자 오래 서 있기

② 짝과 함께 오래 서 있기

③ 학급 전원이 함께 오래 서 있기

3 활동을 마친 다음, 느낀 점을 나눕니다.

발문 예시

- 혼자 할 때와 둘이 할 때, 다 같이 할 때 중에서 언제가 가장 힘들었나요?
- 함께 힘을 합쳐 균형잡기를 할 때 불편한 점이 무엇이었나요?
- 함께 균형잡기를 할 때 혼자 할 때보다 좋은 점이 무엇이었나요?
- 다른 사람과 함께 더 오래 서 있으려면 어떻게 해야 했나요?

맺는말 | 협동의 유익

다른 사람과 함께 살아갈 때 불편한 점도 있겠지만, 함께하는 것만으로도 서로에게 큰 힘이 되고 즐거움을 줄 수 있습니다.

2 | 더불어 사는 우리

| 학습목표 | ● 팀워크를 통해 소속감을 경험한다. |
| | ● 서로를 배려하며 협동할 수 있다. |

| 사회성·감성 역량 | ● 자기 관리, 대인관계 기술, 책임 있는 의사결정 |

| 수업활동 | ● 협동 게임: 풍선 치기 |
| | ● 〈어린 음악대〉 합주 |

협동 게임: 풍선 치기

준비물 | 공기를 넣은 풍선-모둠 수 만큼

1 학생들이 충분히 움직일 수 있는 공간을 마련한 뒤, 모둠별(4~5명)로 원을 이뤄 서게 합니다.

2 '협동이 필요한 게임을 하겠다'라고 말하고 게임 방법을 알려줍니다. 한 모둠에서 시범을 보인 다음 시작합니다.

3 한차례 한 다음, 모둠별로 협동해서 더 오래 풍선을 칠 수 있는 방법을 의논하고 다시 합니다.

4 게임을 한 소감을 나눕니다.

　　보기 발문 예시

- 혼자 할 때보다 여럿이 할 때 힘든 점이 무엇이었나요?
- 함께할 때 좋은 점은 무엇이었나요?
- 모둠 친구들과 함께 풍선을 더 오래 치려면 어떻게 해야 했나요?

<어린 음악대> 합주

준비물 | 〈어린 음악대〉 음원 또는 동영상, 학생들이 가져온 악기
또는 소리를 낼 수 있는 물건

1 학생들이 저마다 준비해 온 악기를 가지고 둥글게 원을 이뤄 앉게 합니다.

2 서로의 악기를 확인해서, 악기가 같은 학생들끼리 모둠을 이뤄 모여 앉습니다. 모둠별로 돌아가며 악기를 소개하고 악기 소리를 들려주게 합니다.

3 〈어린 음악대〉를 학생들에게 한 번 들려준 다음, 다 같이 부릅니다.

4 교사가 "시작"을 알리면, 각자 자신의 악기 소리에 귀 기울이면서 〈어린 음악대〉를 부르며 연주합니다.

   이때 교사는 의도적으로 지휘를 하지 않습니다. 학생들이 알아서 연주하도록 음악을 틀어준 다음 "시작"만 말해줍니다.

5 연주 소리가 어떠한지, 함께 연주할 때 아름다운 소리를 내려면 어떻게 해야 하는지 이야기 나누고, '합주할 때는 개개인이 악기를 잘 연주하는 것보다 서로의 소리를 들으며 함께 맞추어 아름다운 소리를 내는 것이 중요하다'는 점을 알려줍니다.

6 이번에는 교사가 지휘하면서 다 함께 연주합니다. 자신의 악기 소리만이 아니라, 친구들이 내는 악기 소리에도 귀 기울이며 연주하도록 이끕니다.

7 활동 소감을 나눕니다.

> 발문 예시
>
> • 친구들과 함께 연주할 때 어려운 점이 무엇이었나요?
> • 혼자 연주할 때와 다른 사람들과 함께 연주할 때 어떤 점이 다른가요?
> • 지휘자가 있을 때와 없을 때 어떤 차이가 있나요?
> • 서로 다른 소리가 모여 아름다운 소리를 내려면 어떻게 해야 할까요?

맺는말 | 협동에 필요한 것

여러 악기가 어우러져 아름다운 소리를 내기 위해서는, 서로의 소리에 귀 기울이며 자신의 악기 소리를 맞추어가는 것이 필요합니다. 합주를 하듯, 우리가 다른 사람들과 더불어 행복하게 살아가려면 서로에게 관심을 가지고 배려하는 것이 필요합니다.

3 | 함께여서 좋아

학습목표	● 공동체의 의미를 이해한다.
	● 역할극을 통해 협동의 유익을 경험한다.
사회성·감성 역량	● 자기 관리, 대인관계 기술, 책임 있는 의사결정
수업활동	● 그림책 읽어주기: 『헤엄이』
	● 역할극 Ⅰ · Ⅱ

그림책 읽어주기

준비물 | 『헤엄이』

책 소개

레오 리오니 | 시공주니어

헤엄이는 작고 빨간 물고기 가운데 유일하게 까만 물고기입니다. 어느 날 큰 다랑어가 나타나 작은 물고기들을 한입에 삼켜버립니다. 헤엄이만 바닷속 깊이 도망쳐 간신히 살아남습니다. 헤엄이는 무섭고 외로웠지만 아름다운 바닷속을 여행하며 다시 행복해집니다. 하루는 자기처럼 작은 물고기 떼를 만났는데, 작은 물고기들은 큰 물고기에게 잡아먹힐까 봐 숨기만 합니다. 헤엄이는 작은 물고기들이 아주 큰 물고기 모양을 이뤄 함께 헤엄치는 꾀를 냅니다. 그렇게 하자 큰 물고기들이 무서워서 도망쳤고 작은 물고기들은 바닷속을 마음껏 누비며 놀 수 있었습니다.

『헤엄이』를 읽어준 다음, 등장인물들의 기분에 초점을 맞춰 이야기 나눕니다.

발문 예시

- 작은 물고기들이 다랑어를 만났을 때 기분이 어땠을까요?
- 헤엄이가 만난 작은 물고기들은 왜 바닷속에서 헤엄치며 놀지 않았나요?
- 헤엄이가 작은 물고기들과 함께 바닷속을 마음껏 헤엄치며 놀려고 어떤 꾀를 생각해냈나요?
- 헤엄이와 작고 빨간 물고기들이 한 마리의 큰 물고기처럼 함께 헤엄칠 때 어떤 점이 좋았을까요?
  또 어떤 점이 힘들었을까요?
- 서로 힘을 모아 큰 물고기를 물리쳤을 때 작은 물고기들의 기분이 어땠을까요?

역할극 I

준비물 | 『헤엄이』 역할극용 해설, 배역을 적은 종이와 바구니(제비뽑기용)

1 학생들이 충분히 돌아다닐 수 있는 공간을 마련한 다음, 극놀이의 배역을 정합니다.

교사가 등장인물을 적은 종이를 미리 준비해서 제비뽑기를 하거나 자원하는 학생들로 정할 수 있습니다.

배역

해설 교사, 헤엄이 1명, 다랑어 1명, 작은 물고기 나머지 학생들

2 교사는 『헤엄이』의 내용 중 '작은 물고기들이 다랑어에게 잡아먹히는 장면'을 역할극을 위한 '해설'로 재구성해서, 학생들이 그에 따라 연기할 수 있도록 이끕니다.

역할극 예시

역할극 해설 예시

① 바닷속에 작은 물고기들이 자유롭게 헤엄치며 행복하게 살고 있었어요.

　작은 물고기들이 자유롭게 헤엄치는 모습을 연기한다.

② 그러던 어느 날, 평화롭던 바닷속에 갑자기 큰 다랑어가 나타났어요!

　다랑어가 갑자기 등장하자 작은 물고기들이 놀라 도망 다닌다.

③ 다랑어는 작은 물고기를 한입에 꿀꺽꿀꺽 삼키기 시작했어요.

　다랑어가 두 팔을 물고기의 입 모양으로 크게 벌려 작은 물고기 친구 이름을 부르며 팔로 친다.
　잡힌 물고기는 다랑어 뒤에 붙는다.

④ 헤엄이는 바닷속 깊이 도망쳐서 간신히 살아남았습니다.

　다랑어가 작은 물고기를 모두 잡아먹고, 헤엄이만 살아남아 도망친다.

3 역할극을 마치고, 느낀 점을 나눕니다.

발문 예시

- (작은 물고기 역을 한 학생들에게) 바닷속을 자유롭게 헤엄쳐 다닐 때 어떤 느낌이 들었어요?
　큰 다랑어가 쫓아올 때 기분이 어땠나요?
- (다랑어 역을 한 학생에게) 바닷속을 누비며 작은 물고기들을 찾아 다닐 때 어떤 느낌이 들었어요?
- (헤엄이 역을 한 학생에게) 친구 물고기들이 모두 잡아먹히고 혼자 남았을 때 어떤 느낌이 들었나요?

역할극 Ⅱ

1 제비뽑기로 배역을 다시 정합니다.

[배역]

해설 교사, 헤엄이 1명, 큰 물고기 3명, 작은 물고기 나머지 학생들

2 교사는 '헤엄이와 작은 물고기들이 큰 물고기 모양을 이뤄 큰 물고기를 물리치는 장면'을 역할극을 위한 '해설'로 재구성해서, 학생들이 그에 맞게 연기할 수 있도록 이끕니다.

역할극 예시

역할극 해설 예시

① 깊은 바닷속에 작은 물고기들이 바위 뒤에 숨어 떨고 있었어요.
　작은 물고기 역을 맡은 학생들이 책상 아래, 의자 뒤, 교탁, 쓰레기통 뒤 등에 몸을 숨긴다.

② 헤엄이는 바위 사이에 숨어 있는 작은 물고기에게 다가가 왜 숨어 있는지 물었어요.
　헤엄이가 등장해 작은 물고기 친구들을 차례로 찾아다니며 말을 건다.

③ 헤엄이는 작은 물고기들에게 큰 물고기 모양을 만들자고 제안했어요.
　헤엄이가 작은 물고기들에게 모두 힘을 합쳐 큰 물고기 모양을 만들어 큰 물고기를 물리치자고 말한다.

④ 헤엄이와 작은 물고기들은 큰 물고기 모양을 만들었어요. 헤엄이는 눈이 되고 작은 물고기들은 몸통, 꼬리, 지느러미가 되었어요."
　헤엄이의 지시 아래 작은 물고기 역을 맡은 학생들이 큰 물고기 모양을 만들어 앉는다.

⑤ 헤엄이와 작은 물고기들이 큰 물고기 모양을 만들어 헤엄치자 큰 물고기들은 자기들보다 더 큰 물고기를 보고 놀라 도망갔어요.
　작은 물고기들이 큰 물고기 대형을 이뤄 이동하고, 큰 물고기들이 놀라며 도망간다.

⑥ 큰 물고기를 물리친 헤엄이와 작은 물고기들은 함께 도우며 즐겁고 평화롭게 살았답니다.
　작은 물고기들이 기뻐하며 즐겁게 헤엄치며 노는 연기를 한다.

3 역할극을 마치고, 느낀 점을 나눕니다.

발문 예시

- (작은 물고기 역을 한 학생들에게) 친구들과 한 가지 모양을 이뤄 다니는 것이 혼자 다닐 때와 비교해서 힘든 점이 무엇이었나요? 좋은 점은 무엇이었나요?
- (큰 물고기 역을 한 학생들에게) 작은 물고기들이 함께 뭉쳐 다닐 때 어떤 느낌이 들었나요?
- (헤엄이 역을 한 학생에게) 앞장서서 작은 물고기들과 함께 큰 물고기 모양을 만들 때 어떤 느낌이 들었나요?

맺는말 | 공동체의 의미

작은 물고기 한 마리 한 마리가 모여 하나의 큰 물고기를 만드는 것이 마치 여러분 한 사람 한 사람이 모여 우리 학급을 만드는 것과 같습니다. 이렇게 여러 사람이 모여 함께 생활하거나 어떤 일을 함께하는 집단을 '공동체'라고 합니다. 우리는 공동체라는 울타리 안에서 협동하며 살아갈 때 더 안전하고 즐거울 수 있습니다.

4 | 행복한 공동체

학습목표	● 공동체 구성원으로서 소속감을 느낄 수 있다. ● 협동의 기쁨을 체험할 수 있다.
사회성·감성 역량	● 자기 인식, 대인관계 기술, 책임 있는 의사결정
수업활동	● 노래 부르기: 〈무지개 빛 하모니〉 ● 공동체 벽화 만들기

노래 부르기: 〈무지개 빛 하모니〉

준비물 | 〈무지개 빛 하모니〉(윤학준 곡) 동영상 또는 음원,
노랫말 활동지(p.230)-학생 수만큼

1 〈무지개 빛 하모니〉 노랫말 활동지(p.230)를 나눠줍니다. 노랫말을 살피며 노래를 듣게 합니다.

2 노래를 한 번 더 들려줍니다. 이때는 노랫말을 음미하며 다 함께 부릅니다.

3 노래를 부르면서 떠오른 생각과 느낌을 나눕니다.

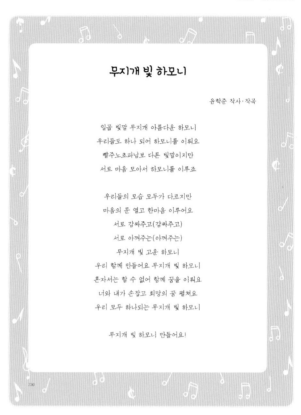

공동체 벽화 만들기

준비물 | 『헤엄이』, 활동지(p.231)−학생 수+1개, 파란 전지, 색연필, 가위, 풀

1 『헤엄이』에서 헤엄이와 작은 물고기들이 큰 물고기를 이룬 그림을 보여주며, 활동을 예고합니다.

 "헤엄이와 빨간 물고기들이 멀리서 보면 비슷해 보이지만 똑같은 물고기는 하나도 없어요. 마찬가지로 우리 반에도 똑같은 사람은 한 명도 없어요. 저마다의 특색이 모여 하나 되는 우리 반을 표현해볼까요?"

2 물고기 도안을 하나씩 나눠줍니다. 이름, 저마다의 특징이나 장점 한두 가지를 쓰고 자신만의 물고기를 꾸미게 합니다.

교사도 자신의 물고기를 꾸밉니다.

3 저마다 꾸민 물고기를 학급 전체에 보여주고 발표하는 시간을 갖습니다.

4 발표가 끝나면 교사가 꾸민 물고기를 파란 전지에 먼저 붙이고 학생들이 차례로 붙이게 해서 큰
물고기 모양을 만듭니다.

5 전지 여백에 바닷속 동물이나 식물을 그립니다. 또는 다른 종이에 그려 색칠한 다음 오려 붙여
벽화를 완성합니다.

6 함께 만든 공동체 벽화를 보면서 느낌을 나눕니다.

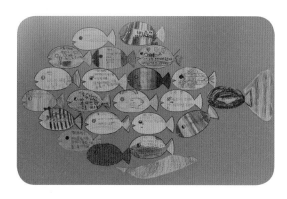

공동체 벽화 예시

맺는말 | 행복한 공동체

저마다의 특성과 장점은 다르지만 서로 배려하며 조화를 이루어갈 때, 우리는 하나가 될
수 있고 행복한 공동체를 만들어갈 수 있습니다.

1 | 서로 돕는 우리

학습목표
- 협동이 유익함을 이해한다.
- 공동체에서 살아갈 때의 불편과 기쁨을 체험한다.

사회성·감성 역량
- 자기 관리, 대인관계 기술, 책임 있는 의사결정

수업활동
- 그림책 읽어주기: 『길 아저씨 손 아저씨』
- 역할극: 징검다리 건너기

그림책 읽어주기

준비물 | 『길 아저씨 손 아저씨』

책 소개

권정생 · 김용철 | 국민서관

태어날 때부터 다리가 불편한 길 아저씨와 앞을 못 보는 손 아저씨가 윗마을, 아랫마을에 살았습니다. 두 사람은 부모님의 보호 아래 그런대로 살아갔지만, 부모님이 돌아가시자 살아갈 길이 막막해집니다. 어느 날 손 아저씨는 동네 할머니에게서 길 아저씨 이야기를 듣게 되고, 할머니의 도움을 받아 길 아저씨를 찾아갑니다. 이 만남으로 두 사람의 삶이 바뀝니다. 손 아저씨는 길 아저씨의 다리가 되어주고, 길 아저씨는 손 아저씨의 눈이 되어줍니다. 두 사람은 서로 힘을 합쳐 행복하게 살았습니다.

그림책을 읽어준 다음, 함께 이야기를 나눕니다.

> 발문 예시

- 어느 장면이 가장 인상적인가요?
- 부모님이 돌아가시고 혼자가 되었을 때 길 아저씨와 손 아저씨의 마음이 어땠을까요?
- 두 사람이 힘을 합쳐 살아갈 때 좋은 점과 불편한 점이 각각 무엇일까요?

역할극: 징검다리 건너기

준비물 | 원마커(원형색지) 5~6개, 또는 징검다리 대용, 눈가리개

1 교실 한가운데에 넓은 공간을 마련합니다.

2 『길 아저씨와 손 아저씨』의 표지를 보여줍니다. 두 아저씨가 한 몸이 되어 다닐 때 어떤 느낌이 들었을지, 표지의 장면을 역할극으로 재연하며 헤아려보자고 제안합니다.

3 학급에서 가장 힘센 학생 또는 자원하는 학생에게 손 아저씨 역을, 몸무게가 가장 가벼운 학생 또는 자원하는 학생에게 길 아저씨 역을 맡깁니다.

4 손 아저씨 역을 맡은 학생이 길 아저씨 역을 맡은 학생을 업게 한 다음, 손 아저씨 역을 하는 학생에게 눈가리개를 씌웁니다.

  업히는 사람은 의자에 올라서서 안전하게 업히고, 여자는 여자끼리 남자는 남자끼리 짝지어 합니다.

5 교사가 원마커(원형색지) 5~6개를 교실 바닥에 하나씩 놓고 "출발"을 외치면, 길 아저씨와 손 아저씨가 힘을 모아 징검다리를 건너갑니다.

  원마커는 손 아저씨 역을 맡은 학생이 그 위치를 모르도록 눈가리개를 쓴 다음에 놓습니다. 나머지 학생들에게는 '두 학생이 서로에게 집중할 수 있도록 도와주는 역할도 중요하다'고 말해 마음으로 조용히 응원해줄 것을 당부합니다.

6 시간이 허락하는 내에서 2~4조를 더 뽑아 해봅니다.

  역할극에 참여하지 못한 학생들은 쉬는 시간이나 점심시간에 운동장에서 해보도록 권합니다.

7 활동을 마친 뒤, 길 아저씨와 손 아저씨 역을 한 학생들의 느낌을 들어봅니다.

> 발문 예시

- 손 아저씨, 길 아저씨 체험을 해보니 어떤 느낌이 들었어요?
- 상대방과 호흡을 잘 맞추려면 어떻게 해야 했나요?
- 어떤 점이 어려웠어요?

활동 예시

맺는말 | 협동의 유익

세상에는 혼자는 할 수 없지만 함께라면 할 수 있는 일이 많습니다. 가족, 학급과 같은 공동체에서 다른 사람과 더불어 살면 때로 불편한 점도 생깁니다. 하지만 서로 협력하며 살아갈 때, 함께함으로써 얻는 유익과 즐거움이 더 큽니다.

2 │ 함께하는 우리

학습목표	● 다양한 활동을 통해 협동의 기쁨을 체험한다. ● 공동체 구성원 간의 공통점을 발견하며 친밀감을 형성한다.
사회성·감성 역량	● 자기 인식, 사회적 인식, 대인관계 기술
수업활동	● 공동체 활동: 같은 사람, 모여! ● 협동 게임: 함께 스탠드업

공동체 활동: 같은 사람, 모여!

1 학생들이 움직일 수 있는 공간을 마련한 다음, 각자 흩어져 서게 합니다.

2 "행복한 공동체를 만들려면 무엇이 필요할까요?"라고 질문합니다.

3 대답을 경청하고 수렴한 뒤, 게임의 의미를 소개합니다.

 "행복한 공동체를 이루는 데 필요한 것이 여러 가지인데, 먼저 서로를 잘 아는 것이 중요합니다.
서로 잘 알고 친밀할수록 더 잘 협력하고 도울 수 있기 때문이에요."

4 활동 방법을 설명합니다.

5 공통점이 있는 학생들끼리 뭉치면, 각 무리에 어떤 공통점이 있는지 물어봅니다.

6 조건을 바꿔가며 3~4회 더 반복합니다.

처음에는 교사가 조건을 제시하고, 나중에는 학생들이 원하는 조건으로 정해도 좋습니다.

협동 게임: 함께 스탠드업

1 학생들이 안전하게 움직일 수 있는 공간을 마련합니다.

2 '함께 스탠드업'(Stand-up) 게임 방법을 설명한 뒤, 실제로 해봅니다.

활동 방법

① 2명씩 짝지어 바닥에 앉는다.

② 무릎을 90도로 굽혀 엉덩이와 발바닥을 바닥에 댄 채 짝과 두 손을 맞잡는다.
   손 대신 등을 맞대고 함께 일어서기로 방법을 바꿀 수 있다.

③ 교사가 "시작" 하면, 짝과 두 손을 맞잡고 함께 일어선다.
   학생들이 연습할 기회를 준 다음에 시작한다. 두 사람이 힘을 모아 빨리 일어서는 데 목적이 있으나, 다른 조와의
   경쟁을 유도하지는 않는다. 힘 조절, 요령 등 두 사람이 어떻게 해야 빨리 일어날 수 있는지 전략을 잘 짜는 것이
   중요함을 강조한다.

3 이 활동이 끝나면, 4~5명이 한 조가 되어 '모둠이 함께 스탠드업'을 해봅니다.

   4~5명이 한 조가 되어 하는 것은 2명이 하는 것보다 훨씬 더 어려우므로, 연습하고 전략을 세우는 시간을 더 줍니다.

4 활동하면서 느낀 점을 나눕니다.

   발문 예시

   • 둘이 할 때와 넷이 할 때 어떤 점이 다른가요?
   • 힘든 점은 무엇이었나요?
   • 어떤 전략을 사용했나요?
   • 함께해서 좋은 점은 무엇이었나요?
   • 힘을 합쳐 성공했을 때, 어떤 느낌이 들었나요?

맺는말 | 함께하는 우리

많은 사람이 모인 공동체일수록 하나가 되기 위한 노력이 필요합니다. 서로에 대해 관심을 갖고 배려하고 협력할 때, 공동체에서 생활하는 것이 더욱 즐거울 수 있습니다.

3 | 공동체와 나

학습목표
- 자신의 성향과 장점을 동물에 비유해 표현할 수 있다.
- 자신의 장점으로 공동체에 기여하는 방법을 찾을 수 있다

사회성·감성 역량
- 자기 인식, 사회적 인식

수업활동
- 그림책 읽어주기: 『위대한 가족』
- 표현 활동: 나를 동물로 표현한다면?

그림책 읽어주기 _____

준비물 | 『위대한 가족』

책 소개

저마다 자신의 위대함을 뽐내며 살아가는 가족이 있습니다. 각자 뛰어난 능력이 있지만 자신이 좋아하는 것만 즐기려니 서로를 귀찮은 존재로 여깁니다. 서로에 대해 불만이 가득한 이들은 급기야 높고 견고한 저마다의 성을 쌓고 그 안에 자신을 가두어버립니다. 하지만 따로따로 지내는 것이 너무 외롭고 불편하다는 것을 깨닫던 중, 막내의 특기 덕분에 가족들은 각자의 성을 부수고 밖으로 나오게 되고, 비로소 가족의 소중함을 느끼게 됩니다.

윤진현 | 천개의바람

『위대한 가족』을 읽어준 다음, 이야기 나눕니다.

발문 예시

- 작가가 말하는 '위대한'의 의미는 무엇인가요?
- 여러분은 어떨 때 가족과 함께하는 것이 귀찮게 느껴지나요?
- 혼자 있는 시간과 가족과 함께하는 시간 중 어떤 시간을 더 많이 보내고 싶나요?
- 혼자 있는 시간과 가족과 함께하는 시간을 균형 있게 보내는 방법에는 무엇이 있을까요?

표현 활동: 나를 동물로 표현한다면?

준비물 | 활동지(p.264)-학생 수만큼

1 학생들에게 활동지를 나눠줍니다. 자신의 특징과 장점을 고려해 『위대한 가족』의 등장인물과 같이 자신을 동물로 표현하고 그 동물을 선택한 까닭을 적게 합니다.

활동지(p.264)

이름 _____

🐾 나를 동물로 표현한다면?

나는 _____ 와(과) 같다.

왜냐하면 _____
_____
_____ 다.

🐾 나의 장점으로 학급에 도움을 줄 수 있는 방법은?
_____
_____
_____
_____

264

2 모둠별로 모여 자신이 선택한 동물과 그 까닭을 돌아가며 발표하게 합니다.

3 발표가 끝나면 활동지를 친구들 것과 바꾸어, 친구의 장점으로 학급에 도움을 줄 수 있는 방법
   에 대한 아이디어를 한 가지씩 써주게 합니다.
   각자의 활동지에 모둠원들이 모두 써줍니다.

4 모둠 활동을 마치면 활동지를 모두 걷습니다. 그중 무작위로 몇 장을 골라 "나를 동물로 표현한
   다면?"에 적힌 내용을 읽고 '누구일까요?' 퀴즈를 내어 학생들이 알아맞히게 합니다.

5 학생들이 작성한 활동지를 모두 볼 수 있도록 학급 게시판에 전시합니다.

맺는말 | 공동체와 나

공동체를 이루는 구성원에게는 공통점도 있지만, 한 사람 한 사람은 모두 다르고 특별합니
다. 서로의 다른 점을 어떻게 대하고 발휘하는지에 따라 공동체에 즐거움이 될 수도 있고 어
려움을 줄 수도 있습니다. 서로의 다른 점을 존중하고 배려하며, 조화로운 공동체를 만들어
가도록 노력합시다.

4 │ 우리는 공동체

학습목표
- 공동체의 의미를 이해하고 공동체의식을 가질 수 있다.
- 공동체를 배려하는 행동을 실천할 수 있다.

사회성·감성 역량
- 사회적 인식, 책임 있는 의사결정

수업활동
- 표현 활동: 공동체의 의미
- 토의 활동: 학급 공동체를 위한 약속

표현 활동: 공동체의 의미 _____

준비물 │ 메모지 또는 허니콤보드-학생 수만큼

1 메모지나 허니콤보드를 나눠줍니다. 그동안 했던 공동체 단원의 수업을 통해 '공동체'에 대해
   느끼거나 배운 점을 단어나 문장, 또는 그림으로 간단히 표현하게 합니다.

2 학생들이 표현한 것을 한 명씩 차례로 칠판에 붙이고 함께 살펴봅니다.

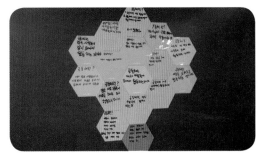

활동 결과 예시

토의 활동: 학급 공동체를 위한 약속

준비물 | 활동지(p.265)—모둠 수만큼

1 모둠별로 활동지를 나눠줍니다.

활동지(p.265)

2 "학급이라는 공동체에서 생활하면서 어떤 점이 좋고, 어떤 점이 불편했어요?"라고 질문합니다. 모둠별로 토의해서 활동지 1번에 기록하게 합니다.

3 모둠별로 발표시키고 그 내용을 교사는 칠판에 표를 그려 정리, 기록합니다. 발표가 모두 끝나면 다 함께 살펴봅니다.

4 "학급 공동체에서 불편한 점을 줄이고 행복한 공동체를 만들려면 어떤 노력을 해야 할까요?"라고 질문합니다. 모둠별로 '불편한 점' 중 2가지를 선택하고 그것을 해소하기 위해 학급에서 할 수 있는 노력이나 약속에 대해 토의하고 활동지 2번에 기록하게 합니다.

5 모둠 토의 결과를 발표시키고, 함께 노력해야 할 점들을 합의하고 약속합니다.

전체 발표와 토의에서 한 약속을 서약서로 작성해 교실에 게시합니다.

맺는말 | 행복한 공동체

사람들이 함께 생활하면 불편한 점이 있기 마련입니다. 이 불편함을 줄이려면 공동체 구성원 모두가 노력해야 합니다. 불편을 해소하기 위한 약속을 함께 만들고 그것을 지키려고 실천하면 더 행복하고 즐거운 공동체가 될 수 있습니다.

02 | 자존감 이야기

들어가며

진정한 자존감

모든 인간관계는 자신을 비추어 보는 거울이다.
자신의 긍정적인 면과 부정적인 면을 함께 드러내 보일 때
당신은 망가지는 게 아니라 온전해진다.

자기 그늘을 불편해하지 않고 태연히 끌어안을 때
당신은 말할 수 없이 매력적이 되고
당신 인생은 굉장한 모험으로 된다.

자신의 모호함과 어수룩함을 불편해하지 않을 때
당신은 자연스러워진다.
세상에는 자연스러움만큼 아름다운 것이 없다.

자신의 장점과 단점, 강함과 약함을 불편해하지 않을 때
당신의 단순하고 소박한 인간성이 빛난다.

　　　　　　　　　－디팩 초프라(Deepak Chopra),『우주 리듬을 타라』(샨티, 2013)

성찰을 위한 질문

- 이 글에서 가장 마음에 와닿는 말이 무엇인가요?
- 선생님의 장점 10가지를 적어보세요.
- 선생님의 강점과 약점을 솔직하게 드러내도 불편하지 않은 상대방은 누구인가요?
- 선생님은 타인의 시선과 평가를 얼마나 중요하게 생각하나요?

자존감이란

건강한 자존감 없이는 자신의 잠재력을 충분히 실현할 수 없습니다. 미국의 심리학자이자 자존감 분야의 대가인 너새니얼 브랜든(Nathaniel Branden) 박사는 자존감(Self-esteem)을 '삶에서 마주하는 기본적인 도전에 맞서 대처할 능력이 있으며, 자신이 행복을 누릴 만한 가치가 있는 사람이라고 생각하는 내적 경향'으로 정의합니다.[*] 보통 자존감이라고 하면 자아존중감만 떠올리기 쉬운데, 브랜든은 자존감을 이루는 두 가지 핵심 개념으로 '자아존중감'과 '자기유능감'이 있다고 주장합니다. 자아존중감과 자기유능감은 건강한 자존감을 떠받치는 두 기둥으로, 이 두 가지가 모두 있어야 진정한 자존감으로서 기능할 수 있다고 합니다. 그는 자아존중감과 자기유능감을 다음과 같이 정의합니다.

- 자아존중감(Self-respect): 자신이 행복을 누릴 만한 가치가 있다고 생각하는 긍정적인 태도. 자신의 가치에 대한 확신
- 자기유능감(Self-efficacy): 스스로 지식과 기술을 습득할 수 있고 성공할 수 있다는, 자신의 능력에 대한 믿음. 자신감, 자기 신뢰

자신을 존중하는 사람은 공동체를 편안하고 호의적으로 받아들이고 공동체 내에서 자립적이면서도 서로 존중하는 동료(또래) 관계를 맺을 수 있으며, 자기유능감이 높은 사람은 자신의 삶을 스스로 통제할 수 있다고 믿어 심리적 행복감을 느낀다고 브랜든은 말합니다. 따라서 학생들의 자존감을 키우고자 한다면 자아존중감과 자기유능감을 모두 염두에 두어야 할 것입니다.

교실 속 자존감을 높이는 방법

학생들이 학급, 학교라는 공동체에서 소속감을 느끼고 건강한 자존감을 갖도록 돕는 것은 학생들의 학업 성취를 돕는 것보다 더 중요하고 우선되어야 합니다. 또 학생들의 자존감을 향상시키고 싶은 교사는 먼저 자신의 자존감을 키우는 노력을 기울여야 할 것입니다. 교사가 건강하고 긍정적인 자존감을 가진 사람으로서 본보기가 된다면 학생들의 자존감을 향상시키는 일이 훨씬 쉬워지기 때문입니다.

브레네 브라운(Brené Brown) 박사는, 인간이 완벽할 수 없는 불완전한 존재임을 인정하고 자신의 있는 모습 그대로를 받아들이며 타인에게 솔직하게 드러낼 수 있는 용기를 가진 사람이야말로 진정으로 자기를 존중하고 사랑하는 사람이며 자존감이 높은 사람이라고 말합니다. 반면, 자존감이 낮은 사람은 자신의

[*] 너새니얼 브랜든(Nathaniel Branden), 『자존감의 여섯 기둥』(교양인, 2015)

불완전함을 알아차리지 못하거나 알아차리더라도 솔직히 드러내지 못하고 불완전하지 않은 척을 합니다.[*] 자신의 불완전함을 인정해야 남의 불완전함도 인정할 수 있습니다. 그래야 서로의 불완전함을 채워주며 서로 돕고 함께 살 수 있습니다.

브라운 박사는 자신의 불완전성을 받아들이고 자신을 사랑하는 10가지 방법을 제안합니다.

① 매 순간 진짜 나로 살아라: 남들의 시선과 평가에서 벗어나자.
② 직감과 믿음에 따라 판단하라: 뭐든 확실하길 바라는 마음을 버리자.
③ 자신을 좀 더 너그럽게 대하라: 완벽해야 한다는 생각을 떨쳐버리자.
④ 회복탄력성을 키워라: 절망감과 무력감에 빠져들지 말자.
⑤ 충분히 감사하고 충분히 기뻐하라: 부족하다는 생각에서 벗어나자.
⑥ 놀이와 휴식 시간을 늘려라: 생산성으로 자신의 가치를 평가하지 말자.
⑦ 차분함과 고요함을 유지할 방법을 찾아라: 만성적인 불안과 스트레스에서 벗어나자.
⑧ 창의적인 활동을 시작하라: 다른 사람과 비교하는 버릇을 버리자.
⑨ 자신에게 의미 있는 일을 찾아라: 다른 사람의 요구에 휩쓸리지 말자.
⑩ 웃음, 노래, 춤을 더 많이 즐겨라: 망가진 모습을 보이는 걸 두려워하지 말자.

이 10가지 방법이 교사 자신의 자존감을 향상하는 데 도움이 되기를 바랍니다. 아울러 학생들이 자아존중감과 자기유능감을 기르는 데 도움이 될 교사의 실천 사항을 소개합니다.

• 건강한 자존감의 모범 보이기
• 학생들의 생각뿐 아니라 감정을 수용하고 존중하기
• 학생들의 약점보다 강점에 주목하며 긍정적인 피드백 주기
• 학생들의 다양성을 인정하고 존중하기
• 학생들 스스로 문제를 해결하고 성취감을 경험할 수 있는 기회를 많이 제공하고 지지하기

자존감은 타인의 인정과 존중만으로 키워지지는 않습니다. 그러나 아동기의 자존감은 부모, 교사, 또래 친구로부터 존중과 인정을 받는 경험에 많이 좌우됩니다. 학생들이 교사와 또래로부터 존중과 인정을 받는 경험을 할 수 있도록 도우며, 동시에 불완전한 자신을 있는 그대로 수용하고 사랑할 수 있도록 도와주세요.

* 브레네 브라운(Brené Brown), 『나는 불완전한 나를 사랑한다』(가나출판사, 2019)

단원 목표 및 주요 활동

앞 단원의 목표가 학생들이 공동체의 유익을 깨닫고 공동체 내에서 소속감과 친밀함을 느끼는 것이라면, 이 단원에서는 공동체를 이루는 구성원 개개인이 이 세상에 단 하나뿐인 소중한 존재임을 깨닫고, 서로의 차이와 다양성을 이해하는 동시에 자아존중감을 기르는 것이 목표입니다.

　　이 단원에서 학생들은 경험, 취미, 취향, 선호도 등 서로의 차이점과 공통점을 알아보며 다름이 가치판단이 아니라 존중의 대상임을 이해합니다. 또 자신의 특징과 장점을 발견하며 저마다 세상에 하나뿐인 소중한 존재라는 사실과 자신의 정체성을 생각해보는 활동을 합니다. 이러한 활동을 통해 학생들은 스스로 자존감을 키워가는 힘을 기를 수 있을 것입니다.

단원 구성 및 내용

학년	소단원	내용
저학년	1 │ 달라도 괜찮아 2 │ 나는 특별해 3 │ 있는 모습 그대로 4 │ 소중한 나	• 서로의 차이와 다양성 이해하기 • 자신의 장점 알기 • 다른 사람과 비교하지 않기 • 자신이 가진 것의 소중함 알기 • 나와 친구의 강점 알기 • 서로의 다름 존중하기 • 자아존중감 기르기
고학년	1 │ 특별한 나 2 │ 장점을 찾아라! 3 │ 다름을 존중해요 4 │ 소중한 우리	

이 단원에서 활용한 그림책

학년	제목	글, 그림	출판사
저학년	나 좀 멋져	정재경	한솔수북
	난 등딱지가 싫어!	요시자와 게이코	찰리북
고학년	중요한 사실	마거릿 와이즈 브라운, 최재은	보림
	세상에서 가장 아름다운 달걀	헬메 하이네	시공주니어

학교와 가정에서 함께 읽으면 좋은 그림책

제목	글, 그림	출판사	주제 · 키워드
천만의 말씀	스즈키 노리타케	북뱅크	다름 존중, 자아존중감
강아지똥	권정생, 정승각	길벗어린이	다름 존중, 자아존중감
치킨 마스크	우쓰기 미호	책읽는곰	다름 존중, 자아존중감
줄무늬가 생겼어요	데이비드 섀넌	비룡소	다름 존중, 자기 이해
민들레는 민들레	김장성, 오현경	이야기꽃	다름 존중, 자기 이해
내 귀는 짝짝이	히도 반 헤네흐턴	웅진주니어	다름 존중, 자기 이해
물고기는 물고기야!	레오 리오니	시공주니어	다름 존중, 자기 이해
슈퍼 거북	유설화	책읽는곰	다름 존중, 자기 이해
분홍 몬스터	올라 데 디오스	노란상상	다름 존중, 자기 이해
나는 소심해요	엘로디 페로탱	이마주	자기 이해, 내향성
점	피터 H. 레이놀즈	문학동네	자신감
아름다운 실수	코리나 루켄	나는별	자신감

1 | 달라도 괜찮아

학습목표
- 다른 것이 나쁜 것이 아님을 이해한다.
- 서로의 차이와 다양성을 존중할 수 있다.

사회성·감성 역량
- 자기 인식, 사회적 인식, 자기 관리

수업활동
- 공동체 활동: OX 게임
- 그림책 읽어주기: 『나 좀 멋져』

공동체 활동: OX 게임

준비물 | O와 X를 각각 표시한 A4 용지, 색 테이프

1 학생들이 움직일 공간을 충분히 마련한 다음, 교실 바닥 가운데에 색 테이프로 선을 표시하고 양쪽 벽에 O와 X를 표시한 용지를 각각 붙입니다.

2 학생들을 모두 O 쪽에 서게 한 다음, 교사가 제시하는 조건에 자신이 해당하면 그대로 있고, 해당되지 않으면 X 쪽으로 이동하게 합니다. 이동한 다음에 그 자리에서 3초 정도 자기와 공통점이 있는 친구를 확인하게 합니다.

아이들의 배경이나 선호도 등 눈에 직접 보이지 않는 조건을 10가지 이내로 제시합니다. 단, 상처가 될 만한 내용이나 물질적인 소유 여부와 관계된 조건은 피합니다.

> 조건 예시
> - 동생이 있는 사람
> - 집에 반려동물이 있는 사람
> - 방탄소년단을 좋아하는 사람
> - 전학해본 사람
> - 종교가 있는 사람

- 김치를 좋아하는 사람
- 비디오게임을 좋아하는 사람
- 오른손잡이인 사람
- 여름을 좋아하는 사람
- 숙제하기 싫은 사람
- 병원에 입원해본 사람

3 활동을 마친 다음, 느낀 점을 나눕니다.

경험이나 선호하는 것이 자신과 비슷한 친구도 있고, 다른 친구도 있다는 것에 대해 학생들이 생각해보게 합니다.

그림책 읽어주기

준비물 | 『나 좀 멋져』, 포스트잇 또는 허니콤보드-학생 수만큼

책 소개

정재경 | 한솔수북

조이는 혼자서도 잘 노는 밝은 아이입니다. 그런데 자신을 남들과 비교하기 시작하면서 기쁨이 사라집니다. 조이는 모르는 게 없는 할머니를 찾아가서 어떻게 해야 기쁨을 되찾을 수 있는지 물어보기로 합니다. 할머니는 조이가 자신을 남들과 비교하는 '비교비교병'에 걸려 기쁨을 도둑맞았다고 진단합니다. 할머니는 조이에게 세상에서 하나뿐인 소중한 아이라는 걸 잊지 말라고 말해줍니다. 그 후로 신기하게 조이의 마음에는 다시 기쁨이 피어나기 시작합니다.

---

1 『나 좀 멋져』를 읽어주고 이야기 나눕니다.

발문 예시

- 조이는 어쩌다가 기쁨을 도둑맞게 되었나요?
- 조이가 친구들과 자신의 어떤 점들을 비교했나요?
- 기쁨을 도둑맞은 조이의 기분이 어땠을까요?

• 할머니는 조이에게 어떻게 하라고 말해주었나요?

2 메모지를 나누어준 다음, 조이처럼 자신을 남과 비교한 적이 있는지, 무엇을 비교했을 때 기쁨이 사라졌는지 떠올려서 메모지에 쓰게 합니다.

비교 대상이 학급 친구인 경우, 이름은 쓰지 않고 '친구'라고만 쓰라고 일러줍니다.

3 메모지를 한 명씩 칠판에 붙이게 한 다음, 교사가 메모를 하나씩 읽어줍니다.

서로의 다른 점을 존중한다는 약속을 학생들과 먼저 한 뒤에 읽어줍니다.

4 친구들의 사연을 알고 느낀 점을 이야기 나눕니다.

맺는말 | 비교하지 말고 다름을 존중해요

우리에게는 공통점도 있지만 다른 점이 더 많습니다. 서로 다르다는 것은 나쁜 것이 아닙니다. 오히려 '다름'에는 좋은 점이 많습니다. 나와 남을 비교하지 말고 서로의 다름을 존중하려고 노력합시다.

2 | 나는 특별해

학습목표	● 나와 친구의 공통점과 다른 점을 이해한다.
	● 서로의 다름을 존중할 수 있다.
사회성·감성 역량	● 자기 인식, 사회적 인식
수업활동	● 공동체 활동: 나는 내가 좋아
	● 누구일까요?

공동체 활동: 나는 내가 좋아 _____

준비물 | 토킹 피스(인형이나 마이크 모양 장난감 또는 손에 쥐기 편한 물건)

1 원으로 둘러앉은 다음, 토킹 피스를 보여줍니다. 지금부터 토킹 피스를 든 사람만 말할 수 있고, 나머지 사람들은 토킹 피스를 든 사람에게 눈과 귀를 온전히 집중할 것을 약속하자고 합니다.

2 가장 마음에 드는 자신의 신체 부위와 그 특징이나 마음에 드는 까닭을 말해보자고 한 뒤, 교사가 토킹 피스를 들고 시범을 보입니다

예시

- 저는 다리가 가장 마음에 들어요. 축구를 잘할 수 있기 때문이에요.
- 저는 목소리가 가장 마음에 들어요. 노래로 가족을 즐겁게 해줄 수 있기 때문이에요.

3 한 사람이 이야기한 다음에 옆 사람에게 토킹 피스를 넘기는 식으로 진행합니다.

자기 차례에 말할 준비가 되지 않았다면 "패스"라고 말하고 넘어가면 된다고 알려주고, 나중에 기회를 다시 줍니다. 그때도 말하지 못하면 그 학생의 장점이나 마음에 드는 부분을 친구들이 찾아주게 합니다.

4 모두 이야기하고 나면, 활동하며 느낀 점을 나눕니다.

누구일까요?

준비물 | 활동지(p.232)-학생 수만큼, 번호가 적힌 쪽지-2장씩, 바구니

1 교사는 학생 수의 절반에 해당하는 숫자(30명이면 1~15)가 각각 적힌 쪽지를 2장씩 준비합니다.
쪽지를 접어서 바구니에 넣고 잘 섞습니다.

2 바구니를 학생들에게 돌려 쪽지를 1장씩 뽑게 한 다음, 활동지를 나눠주고 활동 방법을 설명합니다.

활동지(p.232)

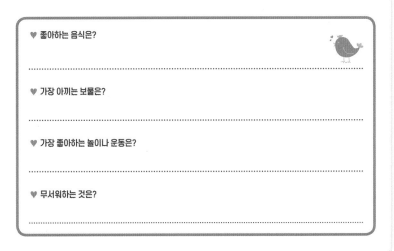

활동 방법

① 활동지, 연필, 쪽지를 들고 자신과 번호가 같은 친구를 찾아다닌다.

② 짝을 찾으면 서로 '하이 파이브'로 인사하고 가위바위보를 한다. 이긴 사람이 먼저 짝을 인터뷰하면서 짝의 대답을 활동지에 적는다. 대답만 기록하고 친구 이름은 적지 않는다.
그런 다음, 가위바위보에서 진 사람이 질문하고 짝의 대답을 기록한다.

③ 인터뷰가 끝나면 활동지를 반으로 접어 바구니에 담고 제자리에 앉는다.

♥ 좋아하는 음식은?
....

♥ 가장 아끼는 보물은?
....

♥ 가장 좋아하는 놀이나 운동은?
....

♥ 무서워하는 것은?
....

3 바구니에서 활동지를 1장 뽑아 읽어주고 "주인공은 누구일까요?"라고 물어본 뒤 학생들이 추측하도록 잠시 기다려줍니다.

4 주인공을 앞으로 나오게 해서 해당 활동지를 줍니다. 이 학생이 다른 활동지를 1장 뽑아 읽게 하고 학생들에게 주인공이 누구인지 추측할 시간을 준 뒤 새 주인공을 나오게 합니다. 이와 같은 과정을 되풀이합니다.

5 모두에게 순서가 돌아간 다음에 친구에 대해 새로 알게 된 점을 이야기 나눕니다.

활동을 마친 뒤에도 학생들이 서로를 잘 알 수 있도록 자기가 주인공인 활동지에 이름을 쓰게 한 다음 교실에 전시합니다.

맺는말 | 서로의 다름을 인정해요

나와 똑같은 사람은 이 세상에 한 사람도 없습니다. 내가 세상에서 하나뿐인 소중한 사람이듯이, 다른 사람도 세상에서 하나뿐인 소중한 사람임을 기억하며, 서로의 다름을 이해하고 존중하는 우리가 되도록 노력합시다.

3 | 있는 모습 그대로

학습목표	● 자신이 가진 것들의 소중함을 이해한다.
	● 나와 다른 사람에 대한 긍정적인 태도를 가질 수 있다.
사회성·감성 역량	● 자기 인식, 사회적 인식, 대인관계 기술
수업활동	● 그림책 읽어주기: 『난 등딱지가 싫어!』
	● 공동체 활동: 난 네가 부러워!

그림책 읽어주기

준비물 | 『난 등딱지가 싫어!』

책 소개

요시자와 게이코 | 찰리북

느림보라고 놀림받던 거북이는 그 모든 것이 등딱지 때문이라고 생각합니다. 어느 날 거북이는 등딱지를 벗어서 발로 휙 차버립니다. 그렇게 굴러간 등딱지가 아기 곰에게는 신비로운 악기가, 새들에게는 예쁜 집이, 생쥐들에게는 멋진 배가 됩니다. 거북이는 그토록 싫던 등딱지가 몸을 지켜주고, 자신을 자신답게 해준다는 것을 깨닫고 등딱지를 찾아 나섭니다. 그리고 자신이 싫어했던 등딱지를 다른 동물들이 얼마나 부러워했는지 알게 되고, 자신의 모습을 있는 그대로 자랑스럽게 생각하게 됩니다.

『난 등딱지가 싫어!』를 읽어준 다음, 이야기 나눕니다.

발문 예시

- 등딱지를 벗어버리고 난 뒤에 거북이는 왜 후회를 했나요?
- 거북이가 자신을 느림보라고 놀리던 토끼가 자신의 등딱지를 메고 있는 모습을 보았을 때 어떤 기분이었을까요?

공동체 활동: 난 네가 부러워!

준비물 | 활동지(p.233)–학생 수만큼, 털실 또는 끈, 펀치, 사인펜,
〈당신은 사랑받기 위해 태어난 사람〉 음원 또는 배경음악

1 '거북이 등딱지' 활동지(p.233)를 나눠주고, 사인펜으로 자기 이름을 쓰게 합니다.

등딱지는 두꺼운 종이에 복사해 가위로 오리고 윗부분에 펀치로 구멍을 2개 뚫은 뒤 털실을 끼워 목에 걸 수 있도록 미리 만들어놓습니다.

2 활동 방법을 설명합니다.

활동지(p.233)

활동 방법

① 등딱지가 등 뒤에 보이도록 목에 건다.

② 최소 5명 이상의 친구를 찾아다니며 그 친구에 대해 부러운 점을 친구 등딱지에 한 가지씩 써준다.

부러운 점은 그 친구가 잘하는 것일 수도 있고, 친구가 가진 어떤 것일 수도 있다고 교사가 예를 들어준다. 예: '동생이 있어서 부러워.' '큰 키가 부러워.' '춤을 잘 추는 게 부러워.'

친구에게 부러운 것이 없는 경우에는 칭찬하는 말을 써준다.

예: '나에게 친절하게 대해줘서 고마워.' '넌 참 친절해.'

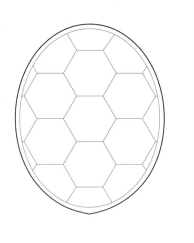

3 노래를 들려줌과 동시에 교실을 자유롭게 돌아다니며 활동을 시작해서 노래가 끝날 때 마치도록 합니다.

교사도 함께합니다.

활동 예시

4 활동을 마친 뒤, 친구들이 써준 내용을 발표하고 소감을 나눕니다.

발문 예시

- 친구의 등딱지에 '너의 ~(이)가 부러워' 또는 칭찬하는 말을 쓸 때 기분이 어땠나요?
- 친구들이 내 등딱지에 써준 내용을 읽고 어떤 생각이 드나요? 기분이 어때요?
- 친구들이 나에 대해 부러워하는 것들 중에 내가 모르고 있던 것이 있나요?

맺는말 | 있는 모습 그대로

우리는 내가 가진 것들이 얼마나 소중한지 잘 깨닫지 못하고, 다른 사람이 가진 것을 부러워할 때가 많습니다. 앞으로는 내가 가진 장점들을 살피고 더욱 소중히 여기는 사람이 됩시다.

4 | 소중한 나

학습목표
- 자신을 소중히 여길 수 있다.
- 자신에 대해 긍정적인 태도를 가질 수 있다.

사회성·감성 역량
- 자기 인식, 자기 관리, 사회적 인식

수업활동
- 명상: 소중한 나의 몸
- '거북이 림보' 손인형극과 핫 시트

명상: 소중한 나의 몸

준비물 | 명상음악 또는 조용한 음악

1 명상음악이나 조용한 음악을 틀고, 학생들이 제자리에 편한 자세로 앉아 눈을 감게 합니다.

2 눈을 감은 상태로 숨을 천천히 깊이 들이쉬고 내쉬기를 3회 반복하게 합니다.

3 자기 몸의 각 부분이 하는 일과 그것의 소중함을 생각해보고 감사하는 기회를 갖도록, 차분한 목소리로 천천히 다음과 같이 말해줍니다.

발, 다리, 허리, 등, 팔, 목, 눈, 입, 코, 등 최소 3~4곳의 신체 부위를 언급합니다. 몸 부위를 바꿔가며 되풀이해 말합니다.

"온 마음을 여러분의 두 발에 집중해보세요. 지금 내 발의 느낌은 어떤지 느껴보세요. 뜨거운지 차가운지, 불편한 느낌은 없는지 느껴보세요. 그리고 오늘 내 발이 한 일들을 생각해보세요. 수고한 내 발에 감사한 마음을 전해보세요. 다음은 허리로 갑니다 ……."

4 몸에 감사하는 시간을 가진 뒤, 다음과 같이 말해줍니다.

> "이제는 소중한 자신을 안아주겠습니다. 두 팔로 자기 자신을 꼭 껴안아주세요.
> 그리고 'ㅇㅇㅇ(자기 이름)야, 넌 소중한 사람이야'라고 말해보세요."

5 명상하면서 느낀 점을 나눕니다.

'거북이 림보' 손인형극과 핫 시트

준비물 | 활동지(pp.234~235), 거북이 모양의 손인형 또는
거북이 모양 그림, 메모지—학생 수만큼

1 교사는 거북이 손인형을 사용하거나 거북이 그림을 가슴에 붙이고 대본을 참고해 인형극을 합니다.

거북이 림보가 질문하고 학생들이 대답하는 식으로 상호작용하며 인형극을 진행합니다.

활동지(pp.234~235)

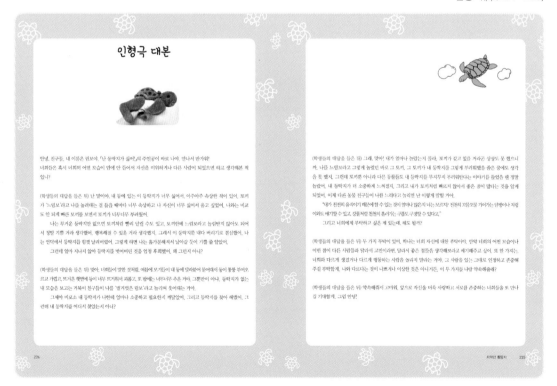

2 인형극이 끝난 뒤, '핫 시트(hot seat)' 활동을 알려주고 해봅니다.

활동 방법

① 학생들에게 메모지를 1장씩 나눠준다.

② 학생들은 거북이 림보에게 묻고 싶은 질문을 메모지에 하나씩 쓴다.

③ 거북이 림보 배역을 정한다(자원하는 학생 중에서 제비뽑기 또는 가위바위보로 2~3명을 정하고, 림 보 역을 할 순서도 정한다).

④ 교실 앞쪽에 의자(핫 시트)를 놓고, 첫 번째 림보 역을 맡은 학생이 앉는다.
림보 역을 하는 학생은 거북이 손인형을 들거나 거북이 그림을 가슴에 붙인다.

⑤ 학생들이 차례대로 메모지에 쓴 질문을 하면, 림보 역을 맡은 학생이 대답한다.
질문은 5가지 정도 받고, 대답하기 어려운 질문에는 "패스"라고 말할 수 있다.

⑥ 림보 역할을 맡은 학생들은 한 사람이 5가지 정도의 질문에 대답하고 교대한다.

3 활동 소감을 나눕니다. 림보 역을 맡은 학생들이 '패스'한 질문에 대해 뭐라고 대답하면 좋을지 도 이야기 나눕니다.

> 발문 예시

- (림보 역을 한 학생들에게) 거북이 입장이 되어보니 어땠어요?
- (나머지 학생들에게) 거북이의 이야기를 듣고 어떤 생각이나 느낌이 들었어요?

맺는말 | 함께하는 우리

 우리는 누구와도 비교할 수 없는 소중한 존재입니다. 나와 다른 사람을 비교하지 않고, 나를 사랑할 뿐 아니라 서로의 다른 점을 존중하며 서로 사랑하는 우리가 됩시다.

1 | 특별한 나

학습목표	● 모든 감각을 온전히 집중하여 사물의 특징을 느낄 수 있다. ● 나와 다른 사람을 이해하기 위해 필요한 자세를 이해한다.
사회성·감성 역량	● 자기 인식, 사회적 인식
수업활동	● 그림책 읽어주기: 『중요한 사실』 ● 명상: 건포도 음미하기

그림책 읽어주기

준비물 | 『중요한 사실』

책 소개

마거릿 와이즈 브라운 · 최재은 | 보림

이 책은 사물의 특징을 시적인 언어로 표현한 그림책입니다. 숟가락, 데이지, 비, 눈, 사과, 신발 등 각각에 대해 중요한 사실을 이야기합니다. 마지막에는 독자들에게 이렇게 말합니다. "너에 관한 중요한 사실은 너는 바로 너라는 거야. 예전에 너는 아기였고, 무럭무럭 자라서 지금은 어린이가 되었고, 앞으로 더 자라서 어른이 된다는 건 틀림없어. 하지만 너에 관한 중요한 사실은 너는 바로 너라는 거야."

1 책 표지를 보여주고 무슨 내용일지 추측하게 한 다음, 리듬감을 살려 그림책을 천천히 읽어줍니다.

2 책 내용에 대한 느낌을 나눕니다.

명상: 건포도 음미하기

준비물 | 건포도, 손소독제 또는 물티슈, 활동지(p.266)–학생 수만큼

1 그림책 『중요한 사실』의 내용을 상기시키며, 건포도에 대한 중요한 사실을 알아보는 시간을 가질 것이라고 알려줍니다.

2 손소독제나 물티슈로 손을 깨끗이 닦게 한 다음, 건포도를 하나씩 나눠줍니다.

3 학생들이 건포도를 관찰하고 체험하게 합니다. 교사는 다음 내용을 천천히 말해 명상을 도와줍니다.

말없이 온전히 오감을 집중해서 건포도를 천천히 관찰하고 느끼는 것이 중요합니다.

① 건포도를 손바닥에 올려놓습니다. 건포도의 모습을 살펴보세요. 색깔과 모양이 어떤지 관찰해봅니다. (시각)
② 이제 건포도를 두 손가락으로 집어봅니다. 건포도를 만질 때의 감촉을 느껴보세요. (촉각)
③ 건포도를 코끝으로 가져가 냄새를 맡아봅니다. (후각)
④ 이제 건포도를 입안에 넣습니다. 혀와 입천장에 닿는 건포도를 느껴보세요. (촉각)
⑤ 천천히 건포도를 씹으며 건포도의 맛을 느껴보세요. (미각)
⑥ 건포도를 씹을 때 어떤 소리가 나는지 느껴보세요. (청각)
⑦ 이제 천천히 건포도를 삼키세요.

4 활동하며 느낀 점을 나눕니다.

[발문 예시]

• 이 활동을 통해 건포도에 대해 새로 알게 된 사실이 있나요?
• 건포도 한 알을 천천히 음미하며 먹으니, 다른 음식과 함께 먹었을 때와 어떤 차이가 있나요?
• 이 활동을 하면서 어떤 생각이나 느낌이 들었나요?

5 활동지를 나눠주고 각자 또는 2명씩 짝지어서, 『중요한 사실』의 표현 방식으로 건포도의 특징
   을 묘사하는 글을 쓰게 한 다음, 발표시킵니다.

활동지(p.266)

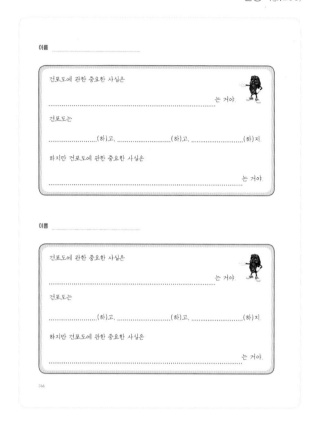

맺는말 | 난 특별해요

작은 건포도 한 알에도 독특한 향과 맛, 모양이 있듯이 우리 각자에겐 자신만의 특성이 있
습니다. 그런데 사랑스러운 눈으로 오래 들여다보고 음미하지 않으면 자신만의 특성을 발
견할 수 없습니다. 우리 자신은 물론이고, 다른 사람에 대해서도 이렇게 시간과 정성을 들
여 알아가려는 노력을 합시다.

2 | 장점을 찾아라!

학습목표
- 나의 특징과 장점을 알고 표현할 수 있다.
- 다른 사람이 보는 나의 모습을 알 수 있다.

사회성·감성 역량
- 자기 인식, 사회적 인식, 대인관계 기술

수업활동
- 공동체 활동: 칭찬해요!
- 표현 활동: 나에 관한 중요한 사실

공동체 활동: 칭찬해요!

준비물 | 스티커–1명당 5장, 활동지(p.267)–학생 수만큼, 배경음악
(예: 이민섭 작사 · 작곡 〈당신은 사랑받기 위해 태어난 사람〉)

1 지난 시간에 읽은 그림책 『중요한 사실』을 상기시키며 활동을 소개합니다.

 "자신에 관한 중요한 사실들을 알아가는 시간을 가질 거예요. 우리는 자신에 대해 스스로 알아가기도 하지만, 다른 사람을 통해 알게 되는 것도 많습니다. 그래서 오늘은 서로 장점을 칭찬하는 활동을 할 것입니다."

2 스티커 5장씩과 활동지(p.267)를 나눠준 다음, 활동 방법을 설명합니다.

활동 방법

① 교실을 돌아다니다 두 사람이 짝을 이루면 서로 인사한다('하이 파이브' 또는 악수).

② 가위바위보를 해서 이긴 사람이 먼저 상대방의 장점을 칭찬한 다음, 상대방 얼굴에 스티커 1장을 붙인다.

　눈, 콧구멍, 입을 제외하고 잘 보이는 곳에 붙인다.

③ 진 사람이 상대방을 칭찬하고 스티커를 붙여준다.

④ 인사하고("고마워, 친구야!") 다른 짝을 만나러 간다.

⑤ 앞의 과정(①~④)을 5명의 짝을 만날 때까지 반복한다.

⑥ 제자리로 돌아와서 친구들에게 들은 칭찬을 활동지의 '내가 받은 칭찬'에 기록한다.

활동지(p.267)

교사를 위한 TIP

• 이 활동을 할 때, 밝고 따듯한 음악을 들려주면 학생들의 마음이 더 열리고 분위기도 더 좋습니다.

• 스티커를 사용하는 것은 흥미를 북돋기 위해서뿐 아니라, 활동에서 소외되는 학생이 없이 골고루 칭찬을 받았는지 확인하기 위해서입니다.

• 교사도 활동에 참여해 내성적이거나 격려가 필요한 학생들을 지원합니다.

3 활동하며 느낀 점을 나눕니다.

> 발문 예시
>
> • 친구를 칭찬할 때 어떤 느낌이 들었어요?
> • 친구한테 칭찬을 들을 때 어떤 느낌이 들었어요?
> • 내가 생각하지 못한 나의 장점을 친구 덕에 새로 알게 된 것이 있나요?
> • 칭찬을 잘하려면 무엇이 필요할까요?

표현 활동: 나에 관한 중요한 사실

준비물 | 『중요한 사실』, 활동지(p.267)

1 『중요한 사실』의 속표지에 실린 작가 소개글을 참고하여 교사가 자신에 관한 중요한 사실을 미리 작성해서 읽어줍니다.

> **『중요한 사실』의 그림작가 소개글**
>
> 나에 관한 중요한 사실은 내가 그림 그리기를 좋아한다는 거야. 나는 《학교에 간 개돌이》,《눈길》이라는 책에 들어가는 그림을 그렸고, 명지대학교에서 그림을 가르쳐. 모네의 빛과 색감을 좋아하고, 꿈의 세계를 표현한 마그리트를 좋아해. 좋은 글에 그림을 그릴 때 가장 행복하고, 배 속에서부터 나와 함께 그림을 그린 아들 진이와 동화 속 주인공을 그리며 낄낄대기를 좋아하지. 하지만 나에 관한 중요한 사실은 내가 그림 그리기를 좋아하고, 내가 그린 그림을 어린이와 함께 볼 때 가장 행복하다는 거야.

2 자신을 소개하는 글을 활동지의 '나에 관한 중요한 사실'에 쓰게 합니다.

생각할 시간을 충분히 주고, '칭찬해요!' 활동에서 친구들에게 들은 내용을 포함시켜도 좋다고 말해줍니다.

이름 _____

♡ 내가 받은 칭찬 ♡

❶ _____

❷ _____

❸ _____

❹ _____

❺ _____

♡ 나에 관한 중요한 사실

나에 관한 중요한 사실은 _____

_____

_____

고학년
2-2

3 활동지를 모두 걷은 다음에 그중 몇 개를 무작위로 뽑아 학생들에게 읽어주고 누구인지 알아맞
히게 합니다.

시간이 되는 만큼 읽어주고, 수업 후에는 모두 읽어볼 수 있도록 교실에 게시합니다.

맺는말 | 서로의 장점을 인정해요

다른 사람과의 관계를 통해서도 나 자신에 대해 알아갈 수 있습니다. 서로의 단점보다
는 장점을 찾아주고 칭찬과 감사를 아끼지 않을 때 더 나은 사람이 되기 위해 노력하게 되
죠. 그럴수록 우리 학급은 더 행복한 공동체가 될 것입니다.

3 | 다름을 존중해요

학습목표
- 나를 다른 사람과 비교하지 않고 다름을 존중할 수 있다.
- 나의 장점에 집중하는 태도를 기른다.

사회성·감성 역량
- 자기 인식, 사회적 인식

수업활동
- 노래 감상: 〈바람의 빛깔〉
- 그림책 읽어주기: 『세상에서 가장 아름다운 달걀』

노래 감상: 〈바람의 빛깔〉

준비물 | 〈바람의 빛깔〉(오연준 노래) 동영상 또는 음원,
활동지(p.268)-학생 수만큼

1 노래 〈바람의 빛깔〉을 들려줍니다.

〈바람의 빛깔(Colors of the Wind)〉은 영화 〈포카혼타스〉에 나오는 노래를 번역한 곡입니다. 영화 〈포카혼타스〉는 북아메리카에 정착한 영국인들과 원주민의 평화 관계를 유지하는 데 큰 역할을 했던 미국 원주민 여성의 이야기를 소재로 디즈니사에서 제작한 애니메이션 영화입니다.

2 활동지(p.268)를 나눠주고, 이번에는 노랫말에 집중해 들어보자고 하고 노래를 들려준 다음, 느낌을 이야기 나눕니다.

> 발문 예시

- 노래를 들으며 어떤 느낌이 들었나요?
- 노랫말 중 특별히 마음에 와닿는 구절이 무엇인가요? 왜 그런가요?

활동지(p.268)

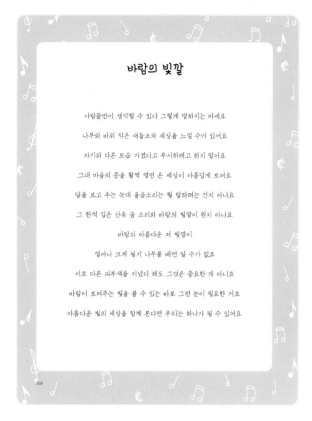

그림책 읽어주기

준비물 | 『세상에서 가장 아름다운 달걀』, 활동지(p.269)-학생 수만큼

책 소개

헬메 하이네 | 시공주니어

자기가 가장 아름답다고 뽐내는 암탉 세 마리가 있었습니다. 깃털이 아름다운 화사깃털 아가씨, 다리가 길고 곧은 늘씬다리 아가씨, 빼어난 볏을 가진 멋진볏 아가씨는 세상에서 누가 가장 예쁜지 임금님에게 물어보기로 합니다. 임금님은 가장 아름다운 알을 낳는 닭이 진짜 아름다운 닭이라며 가장 아름다운 닭을 공주로 삼겠다고 말합니다. 화사깃털 아가씨는 대리석같이 매끈하고 반짝이는 달걀을, 늘씬다리 아가씨는 아주 큰 달걀을, 멋진볏 아가씨는 네모반듯한 알을 낳습니다. 저마다 개성 있는 달걀의 아름다움에 감탄한 임금님은 셋 모두를 공주로 삼습니다.

1 『세상에서 가장 아름다운 달걀』을 읽어준 다음, 책에 대한 생각을 나눕니다.

발문 예시

- 자기가 가장 아름답다고 다투는 닭들을 보며 어떤 생각이 들었나요?
- 임금님의 결정에 대해 어떻게 생각하나요? 내가 임금님이라면 어떻게 했을 것 같나요?
- 우리가 사는 세상에서 사람을 비교하는 기준에는 어떤 것들이 있나요?

2 활동지에 있는 질문들에 각자의 경험과 생각을 기록하게 합니다.

활동지(p.269)

이름 _____

🍎 내가 나여서 좋았던 적을 떠올려 보세요. 나의 어떤 점이 마음에 드나요?

🍎 나를 남과 비교하고 속상한 적이 있나요? 무엇을 비교했나요?

🍎 『세상에서 가장 아름다운 달걀』을 읽고 나에게 하고 싶은 말이 무엇인가요?

고학년 활동지 269

맺는말 | 다름을 존중해요

우리 한 사람 한 사람은 어느 누구와도 비교할 수 없이 특별한 존재입니다. 내가 가진 것의 소중함을 인정하며, 나와 다른 사람을 비교하기보다는 서로의 다름을 존중합시다.

4 | 소중한 우리

학습목표	● 나와 다른 사람의 공통점과 차이를 이해한다.
	● 차이를 존중하며 조화롭게 살아가는 방법을 찾을 수 있다.
사회성·감성 역량	● 사회적 인식, 대인관계 기술, 책임 있는 의사결정
수업활동	● 공동체 활동: 안전 지대
	● 표현 활동: 노랫말 바꾸기

공동체 활동: 안전 지대

준비물 | 마스킹테이프, 표지판(A4 용지에 초록, 노랑, 빨강색으로
각각 '안전 지대' '도전 지대' '공포 지대'라고 표기)

1 교실에 활동할 수 있는 공간을 마련한 다음, 바닥에 마스킹테이프로 두 줄을 만들고 안전(초록),
   도전(노랑), 공포(빨강) 지대를 표시하는 표지판을 붙입니다

2 안전 지대, 도전 지대, 공포 지대의 의미를 설명합니다.

> 각 지대의 의미
>
> - 안전 지대: 편안하게 느끼는 영역
> - 도전 지대: 긴장되고 불편하지만 도전해볼 수 있는 영역
> - 공포 지대: 공포를 느끼는 영역

3 교사가 제시하는 상황이나 행동에 대해 어떻게 느끼는지에 따라 '안전 지대, 도전 지대, 공포 지대' 중 한 곳에 가서 서는 것이라고 알려준 다음, 제시어를 하나씩 말해줍니다.

> 예시
>
> - 모르는 사람에게 먼저 말 걸기
> - 롤러코스터 타기
> - 벌레 만지기
> - 수학 시험
> - 학급 전체 앞에서 혼자 발표하기

4 저마다 '지대'를 선택해서 이동하면, 친구들이 어디에 서 있는지 서로 살펴보게 합니다.

5 교사가 제시한 것 이외에 알아보고 싶은 것이 있는지 물어보고, 그것에 대해서도 '지대'를 선택해보게 합니다.

6 활동하며 느낀 점을 이야기 나눕니다.

> 교사를 위한 TIP
>
> 이 활동은 학생들이 싫어하거나 두려워하는 것을 파악함으로써 교사가 학생들을 이해하는 데 도움을 줄 수 있습니다. 특히, 학교생활과 관련된 사항에 대해서 교사가 어떻게 도와주면 좋을지 참고하거나 추후에 학생과 이야기 나누면 좋습니다.

표현 활동: 노랫말 바꾸기

준비물 | 〈바람의 빛깔〉 동영상 또는 음원, 활동지(pp.270~271)–모둠 수만큼

1 〈바람의 빛깔〉 노래를 다시 들으며, 이번에는 '서로 차별하거나 무시하지 않으며 함께 어우러져 살아야 한다'는 메시지가 담긴 노랫말을 찾아보자고 합니다.

2 노래를 들려준 뒤, 학생들이 찾은 노랫말을 발표시킵니다.

3 모둠별로 앉게 하고, 활동지를 나눠줍니다.

활동지(pp.270~271)

이름

소중한 우리

1 우리 학급에서 친구들 사이에 서로 다른 부분이 있다면 무엇인지 기록하고, 그 차이를 극복하고 '하나가 되는 방법'을 찾아보세요.

	서로 다른 부분	하나가 되는 방법
1		
2		
3		
4		
5		
6		

2 우리 학급 구성원의 다양한 특징과 하나 되는 방법을 담아 〈바람의 빛깔〉 노랫말 전체 또는 일부를 바꿔보세요.

바람의 빛깔

4 우리 학급에서 친구들 사이에 서로 다른 부분이 있다면 무엇인지, 그 차이를 극복하고 하나 되는 방법은 무엇일지 토의하고 활동지에 기록하게 합니다.

눈에 보이는 차이와 보이지 않는 차이를 모두 찾을 수 있도록 이끕니다.

	서로 다른 부분	하나가 되는 방법
1	키의 크고 작음	키가 크다고 또는 작다고 놀리지 않는다.
2	잘하는 과목	내가 잘하는 과목을 친구에게 친절히 가르쳐 준다

5 활동을 마치면, 서로의 차이를 배려하며 조화롭게 살아가는 법을 노랫말에 담아 〈바람의 빛깔〉
을 개사해서 활동지에 적게 합니다.

원래의 제목과 노랫말을 바꿉니다. 노랫말의 길이나 박자에 구애 받지 않고, 내용에 집중합니다.

6 모둠별로 개사한 노랫말을 발표시키고, 활동하며 느낀 점을 나눕니다.

교사를 위한 TIP

국어, 미술 등 교과목 시간과 연계해 학생들이 만든 노랫말에 그림을 그리고 노랫말을 적어 그림책을 만들 수 있습니다.
특히, 사회 교과목과 연계해 인권, 차별 문제에 대해 이야기 나누면 좋을 것입니다.

맺는말 | 소중한 우리

다양한 사람이 함께 살아가는 세상에서 서로의 차이를 존중하지 않아 종종 문제가 생깁니
다. 우리는 각자 생각, 가진 것, 모습의 다름에 상관없이 모두 존중받을 권리를 가진 소중한 존
재들입니다. 서로의 다양함이 어우러져 하나가 될 때 세상은 더 평화롭고 아름다워집니다.

03 | 감정 이야기

들어가며

감정에 대하여

게스트 하우스

인간으로 산다는 것은 게스트하우스와 같다.
매일 아침 새로운 손님이 도착한다.

기쁨, 절망, 악함,
그리고 순간적인 깨달음들이
예기치 않은 방문객처럼 찾아온다.

그 모두를 환영하며 즐거이 대하라.
그들이 당신 집의 모든 것을 휩쓸고
가져가버리는 슬픔의 무리일지라도.

손님 한 사람 한 사람을 존중하며 대하라.
그가 어떤 새로운 기쁨을 당신에게 주려고
당신을 깨끗이 비우는 것인지도 모르니까.

우울한 생각, 수치심, 나쁜 생각,
이들을 문 앞에서 웃으며 맞이하라.
그리고 안으로 초대하라.

누가 오든지 감사하라.
그들 각각은 내세로부터 보내진
안내자들이기 때문에.

— 잘랄 아드딘 아르 루미(Jalāl ad-Dīn ar Rumi)

성찰을 위한 질문

- 이 시를 읽고 인간의 감정에 대해 어떤 생각이 드나요?
- 왜 시인은 감정을 방문객에 비유했을까요?
- 시인은 긍정적인 감정과 부정적인 감정을 모두 환영하라고 합니다. 왜 그럴까요?

감정 이야기

감정은 우리의 행동에 대한 정보를 제공합니다. 긍정적 감정(유쾌한 감정)은 우리가 좋아하는 것에 대한 정보를, 부정적 감정(불쾌한 감정)은 우리가 싫어하거나 조심해야 하는 것에 대한 정보를 줍니다. 긍정적이든 부정적이든 감정 에너지는 우리가 어떤 행동을 하도록 이끄는 힘이 됩니다. 따라서 부정적인 감정이라고 해서 그 자체가 나쁘다고 볼 수는 없습니다. 그러나 분노나 우울과 같은 감정이 들 때 그 감정에 어떻게 반응하고 행동하는지에 따라 나쁜 결과를 가져올 수 있습니다.

내 감정을 인식하고, 그런 나를 이해하며 감정을 관리하는 것은 남녀노소를 막론하고 개개인의 마음의 건강을 위해 매우 중요합니다. 자신의 다양한 감정을 잘 알아차리면 자신의 욕구를 더 잘 이해할 수 있습니다. 자신의 감정을 잘 이해하는 사람이 타인의 감정도 잘 읽을 수 있습니다. 이런 능력은 타인과 원만한 관계를 유지하는 데 반드시 필요합니다.

감정에 관한 뇌과학 상식*

1. 감정은 뇌에서 만들어낸 결과물입니다.

흔히 마음이 아프다고 하면 심장에서 일어난 작용으로 생각하지만 실제 감정은 뇌에서 만들어집니다. 오랫동안 감정은 이성과 분리된 것으로, 즉 이성은 뇌, 감정은 가슴(심장)에서 일어나는 것으로 여겨졌습니다. 그러나 뇌과학 연구가 활발히 진행됨에 따라 인간의 감정은 뇌에서 만들어지는 결과물이라는 것이 밝혀졌습니다. 뇌의 변연계라는 부위에서 감정을 담당하며, 여기에서 외부의 자극에 반응해 감정 변화를 일으킨다고 합니다. 또 변연계에는 편도체라는 작은 기관이 있는데, 이곳은 감각을 통해 들어오는 정보에 감정적인 의미를 부여하는 역할을 합니다.

* 안토니오 다마지오(Antonio Damasio), 『스피노자의 뇌』(사이언스북스, 2007)

2. 감정과 이성은 구조적으로 밀접하게 연결되어 있습니다.

감정과 이성은 분리되지 않고 밀접하게 연결되어 작용한다고 합니다. 뇌의 대뇌피질의 일부인 전두엽은 어떤 상황이 위험한지 그렇지 않은지를 결정하고, 감정을 조절하며, 동기부여를 해서 집중하게 하는 등 목표 지향적인 행위를 주관하고 인간성과 도덕성을 관장합니다.

전두엽은 긍정적인 감정에 의해 활성화되는데, 우리가 정서적으로 안정되거나 기분이 좋을 때 일의 능률이 오르는 것은 이러한 이유 때문입니다. 반면, 부정적 감정이 과잉된 상태에서는 전두엽이 활약을 하지 못하게 됩니다. 왜냐하면 변연계 속의 편도체에서 위험하다고 간주되는 자극을 인지하면 뇌에 위기 경보를 울리는데, 그러면 전두엽에서 무슨 일인지 알아보고 최선의 행동을 결정하기도 전에 우리 몸은 순간적으로 위기에 대해 '투쟁(fight), 도피(flight), 또는 경직(freeze)' 중의 하나로 반응하게 됩니다. 편도체의 이러한 반응은 우리를 위험으로부터 재빨리 지켜주는 역할도 하지만, 때로는 자극에 과잉 반응을 함으로써 상황을 이성적으로 생각하고 판단하는 전두엽의 작동을 어렵게 만듭니다.

부정적 감정 다스리기

감정은 시시때때로 변합니다. 모든 감정은 자연스러운 것이지 좋고 나쁜 것으로 나눌 수 없습니다. 하지만 그로 인한 행동은 좋을 수도 나쁠 수도 있습니다. 따라서 학생들에게 모든 감정은 허용되지만 행동은 바람직한 방향으로 해야 한다는 것을 가르쳐야 합니다. 부정적인 감정에 휩싸여 있으면, 전두엽이 제구실을 하지 못해 이성적으로 생각하고 말하는 능력이 손상을 받게 됩니다. 따라서 화가 났을 때 바로 반응하거나 문제를 성급히 해결하려 하지 말고, 자신의 감정에 잠시 뚜껑을 덮어놓는 시간이 필요합니다. 이때, 심호흡을 하는 것은 가장 손쉽게 할 수 있는 감정의 응급처치법입니다. 그런 다음에 기분을 전환할 수 있는 활동을 하며 감정을 가라앉히는 시간을 가진 뒤, 문제를 효과적으로 해결하는 방법을 생각하는 것이 나중에 후회할 행동을 줄이는 바람직한 방법일 것입니다.

부정적인 감정을 느낄 때 '지금 내가 화가 났구나'라고 감정을 읽고 감정과 나 사이에 객관적 거리를 두는 것은 화나게 한 자극에 바로 반응하지 않고, 상황에 맞는 이성적인 선택을 할 수 있도록 도와줍니다. 즉 감정의 뇌를 진정시키고, 이성적인 판단을 하는 전두엽이 재작동할 수 있는 시간과 공간을 확보하는 것입니다. 자신의 감정을 알아차리고 읽은 뒤에 그 감정을 가라앉히거나 관리하는 데에는 운동, 음악 감상, 명상이나 휴식, 그림 그리기 등 다양한 방법이 있습니다. 화나거나 부정적인 감정을 다스리는 방법에 대해 학생들과 이야기 나누고 연습하는 기회를 가지는 것은 스트레스 관리뿐 아니라 대인관계의 질을 향상시키고 폭력을 예방하는 데에도 큰 도움이 될 것입니다.

단원 목표 및 주요 활동

이 단원은 학생들이 자신의 다양한 감정을 알아차리고 언어로 표현하고, 감정을 관리하고 조절하는 능력을 길러주는 것을 목표로 합니다. 자신의 감정을 적절한 방법으로 표현하며 감정을 조절하는 능력은 공감 능력과 더불어 대인관계에서 매우 중요합니다.

이 단원에서 학생들은 감정에 따른 얼굴 표정과 신체 반응을 인지하고, 자신의 감정뿐 아니라 다른 사람의 감정을 알아차리는 능력을 기르는 활동을 합니다. 아울러 분노와 같이 강렬한 감정을 진정시키는 방법을 배웁니다.

단원 구성 및 내용

학년	소단원	내용
저학년	1	기분이 어때? 2	감정은 소중해 3	내가 화날 때 4	감정을 진정시켜요	• 감정에 따른 얼굴 표정 알기 • 자신의 감정 읽기 • 감정에 따른 신체 반응 알기 • 자신의 감정 상태 알아차리기 • 다양한 감정 표현 어휘 사용하기 • 분노를 진정시키는 방법 활용하기 • 내 감정 어루만지기 • 부정적인 감정 관리하기
고학년	1	나의 감정 날씨는 2	감정을 느껴요 3	내 감정 만지기 4	울어도 괜찮아	

이 단원에서 활용한 그림책

학년	제목	글, 그림	출판사
저학년	오늘 내 기분은…	메리앤 코카-레플러	키즈엠
	소피가 화나면, 정말 정말 화나면	몰리 뱅	작은곰자리
고학년	42가지 마음의 색깔	크리스티나 페레이라 외, 가브리엘라 티에리 외	레드스톤
	눈물바다	서현	사계절

학교와 가정에서 함께 읽으면 좋은 그림책

제목	글, 그림	출판사	주제 · 키워드
기분이 어때?	재넌 캐인	북뱅크	다양한 감정
내 마음	리비 월든, 리처드 존스	트리앤북	다양한 감정
화가 날 땐 어떡하지?	코넬리아 스펠만, 낸시 코트	보물창고	분노, 감정 조절
제라드의 우주쉼터	제인 넬슨, 빌 쇼어	교실어린이	분노, 감정 조절
모두 다 싫어	나오미 다니스, 신타 아리바스	후즈갓마이테일	양가 감정
질투가 나는 걸 어떡해!	코넬리아 스펠만, 캐시 파킨슨	보물창고	질투, 감정 조절
뛰어라 메뚜기	다시마 세이조	보림	두려움, 도전
쿵쿵이와 나	프란체스카 산나	미디어창비	두려움, 감정 조절
내가 가장 슬플 때	마이클 로젠, 퀸틴 블레이크	비룡소	슬픔, 감정 조절

1 | 기분이 어때?

학습목표	● 불쾌한 감정과 유쾌한 감정을 구분할 수 있다.
	● 자신의 기분을 알고 감정 상태를 표현할 수 있다.
사회성·감성 역량	● 자기 인식, 자기 관리
수업활동	● 표현 활동: 기분이 어때?
	● 그림책 읽어주기: 『오늘 내 기분은…』
	● 모둠 활동: 감정 분류하기

표현 활동: 기분이 어때?

준비물 | 자석 또는 포스트잇-학생 수+1개

1 칠판에 다음과 같이 '감정 표시도'를 그립니다.

나쁜 기분   보통   좋은 기분

2 학생들이 자신의 기분을 살펴보도록 이끌며 활동을 소개합니다.

 "감정은 다양한 상황에서 마음속에 일어나는 느낌을 말합니다. 감정은 때때로 변하는 날씨처럼 상황에 따라 달라집니다. 지금 어떤 기분인지 감정 표시도에 표현해볼까요?"

3 교사가 먼저 '감정 표시도'에 자석이나 포스트잇으로 현재의 감정 상태를 표시해서 시범을 보입니다.

4 학생들이 한 사람씩 나와 자신의 감정 상태를 '감정 표시도'에 표시하게 합니다.

5 왜 그렇게 표시했는지 물어보고 그 까닭을 공유합니다.

6 학생들의 이야기를 들은 다음, 자신의 감정을 살피는 것이 필요하다고 말해줍니다.

"감정은 어느 상태에 머물러 있지 않고 일상에서 겪는 일, 환경, 몸 상태에 따라 계속 변해요. 건강을 위해 몸을 잘 돌보듯이 내 기분, 내 감정에도 관심을 갖고 살피는 것이 필요합니다."

그림책 읽어주기

준비물 | 『오늘 내 기분은…』

책 소개

메리앤 코카-레플러 | 키즈엠

테오는 학교에서 오늘 기분이 어떤지 묻는 선생님의 질문에 잘 대답하지 못합니다. 여동생이 생긴 기분이 어떤지 선생님이 다시 물어도 우물쭈물합니다. 그러자 친구들이 아마 테오가 이런 감정을 느꼈을 거라며 행복, 질투, 두려움, 슬픔, 화, 자랑스러움 등 감정 한 가지씩을 말합니다. 친구들의 이야기를 듣고 곰곰이 생각하던 테오는 그 모든 감정을 동시에 다 느끼고 있음을 얘기하며, 왜 그런지 설명합니다.

1 책 표지를 보여주고, 표지에 있는 단어 외에 기분을 나타내는 말을 아는 만큼 말해보게 합니다. 학생들이 말한 단어를 칠판에 씁니다.

2 그림책을 읽어준 다음, 이야기를 듣고 느낀 점을 나눕니다.

발문 예시

- 테오가 여동생이 생긴 것에 대해 어떤 감정을 느꼈나요?
- 테오처럼 여러 감정이 한꺼번에 일어난 적이 있나요? 언제 왜 그런 감정을 느꼈어요?

모둠 활동: 감정 분류하기

준비물 | 활동지(pp.236~237)-모둠 수만큼, 가위, 풀

1 모둠별로 앉게 한 다음, 활동지 2종을 나눠줍니다.

활동지(pp.236~237)

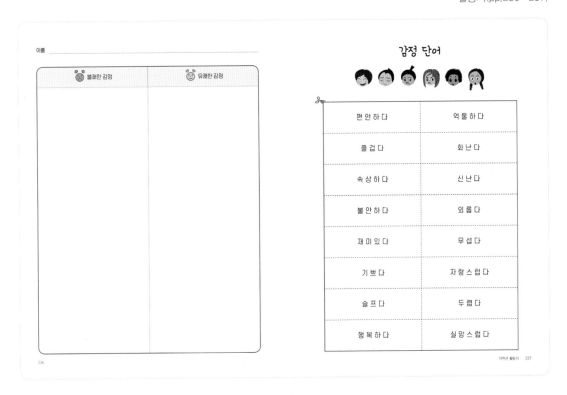

2 활동지(p.237)에 있는 감정 단어를 다 함께 소리 내어 읽은 다음, 각각의 감정을 느낄 만한 예를 들게 해서 의미 이해를 돕습니다.

3 활동지(p.237)를 단어별로 오린 뒤, 모둠에서 의논하며 유쾌한 감정과 불쾌한 감정으로 구분하고 또 다른 활동지(p.236)에 붙이게 합니다.

4 활동을 마친 후, 불쾌한지 유쾌한지 분간하기 어려운 감정이 있는지, 있다면 무엇인지 다 함께 이야기 나눕니다.

맺는말 | 소중한 나의 감정

우리의 감정은 매우 다양합니다. 유쾌한 감정도 불쾌한 감정도 모두 소중한 우리의 감정입니다. 자신의 감정에 더 많이 관심을 가지고 그 감정을 알아차리고 잘 표현할 줄 알아야 마음이 건강한 사람이 될 수 있습니다.

2 | 감정은 소중해

학습목표
- 얼굴 표정에 감정이 드러남을 이해한다
- 여러 감정을 얼굴 표정으로 구분할 수 있다.

사회성·감성 역량
- 자기 인식, 사회적 인식

수업활동
- 표현 활동: 표정을 따라 해요
- 모둠 활동: 얼굴 표정 분류하기

표현 활동: 표정을 따라 해요

준비물 | 활동지(pp.238~243)

1 '다양한 감정 중 표정에서 쉽게 알 수 있는 감정이 있다'고 말한 다음, 6가지 감정(기쁨, 슬픔, 화, 두려움, 놀라움, 혐오)이 드러나는 표정 그림을 차례로 보여줍니다. 각 표정 그림을 보며 어떤 감정일 때 또는 어떤 상황에서 짓는 표정인지 추측해보게 합니다.

활동지(pp.238~243)

> 교사를 위한 TIP
>
> **얼굴 표정으로 알 수 있는 인간의 보편적 감정**
>
> 미국의 심리학자 폴 에크먼(Paul Ekman) 박사는 인간의 감정 중에서 인종과 지역을 막론하고 모든 인간에게 보편적으로 존재하는 6가지 감정을 발견했습니다. 기쁨, 슬픔, 화, 두려움, 놀라움, 혐오가 그것으로, 이 감정들은 다른 감정에 비해 얼굴 표정으로 쉽게 구분된다고 합니다.

2 6가지 감정이 드러나는 표정을 다 함께 지어보고 각 표정의 차이(눈꼬리, 눈썹, 입 모양 등)에 대해 이야기 나눕니다.

친구들의 얼굴 표정을 볼 수 있도록 둥글게 앉거나 짝끼리 마주 보고 활동합니다.

모둠 활동: 얼굴 표정 분류하기

준비물 | 활동지(pp.244~245) 모둠 수만큼, 가위, 풀

1 모둠별로 활동지(pp.244~245)를 나눠줍니다.

2 감정 단어 활동지(p.245)를 다 함께 소리 내어 읽어봅니다.

두려움과 놀라움을 구별하기가 학생들에게 어려울 수 있어 여기서는 놀라움을 제외하고 5가지 감정만 제시했습니다.

3 모둠별로 활동하도록 방법을 안내합니다.

활동지(pp.244~245)

활동 방법

① 인물 사진 활동지(p.244)를 오리고, 표정을 차례로 관찰하며 어떤 감정이 담겼는지 이야기 나눈다.

② 표정에 담긴 감정을 나타내는 단어(p.245)로 적합한 것을 의논해서 해당 칸에 사진을 붙인다.

예시

4 모둠별 결과물을 비교하고, 어떤 표정을 분류하기가 어려웠는지 이야기 나눕니다.

얼굴 표정만으로 감정을 구분하기 힘든 경우도 있다고 말해줍니다.

5 감정 단어 활동지(p.245)에 적힌 각 감정을 언제 느꼈는지 서로의 경험도 이야기 나눕니다.

교사를 위한 TIP

이 활동을 교과목 수업과 연계해 글쓰기(국어), 그림(미술), 노래나 악기(음악), 몸짓이나 춤(체육) 등으로 감정을 창의적이고 다양하게 표현하는 기회를 마련해보세요.

맺는말 | 감정 알아차리기

모든 감정이 얼굴 표정으로 쉽게 드러나는 것은 아니지만, 기쁨, 슬픔, 놀라움, 두려움, 화, 혐오의 감정은 다른 감정에 비해 얼굴 표정으로 쉽게 드러납니다. 내 감정뿐 아니라 다른 사람의 감정에 관심을 갖는 것은 우리가 서로 관계를 맺으며 함께 살아가는 데 반드시 필요합니다.

3 | 내가 화날 때

학습목표	● 화가 날 때 멈춤의 필요성을 이해한다.
	● 화가 날 때 감정을 진정시키는 방법을 이해한다.
사회성·감성 역량	● 자기 인식, 자기 관리, 책임 있는 의사결정
수업활동	● 그림책 읽어주기: 『소피가 화나면, 정말 정말 화나면』
	● 실험: 분노 폭발

그림책 읽어주기

준비물 | 『소피가 화나면, 정말 정말 화나면』

책 소개

몰리 뱅 | 작은곰자리

소피가 인형을 가지고 놀고 있는데 언니가 자기 차례라며 인형을 낚아채는 바람에 장난감 트럭 위에 엎어집니다. 화가 머리끝까지 난 소피는 발을 구르며 소리를 지르고는 밖으로 나가 달리고 또 달립니다. 그러다가 아주 잠깐 울고, 나무 위로 올라가 산들바람을 느끼고 파도를 바라보며 드넓은 세상의 포근함을 느낍니다. 화를 가라앉히고 집으로 돌아온 소피를 가족들은 반갑게 맞이하고 소피는 다시 평안해집니다.

1 책 표지를 보여줍니다. 제목, 그림, 색 등을 살펴보고 어떤 내용일지 함께 추측해봅니다.

2 소피의 표정이 기분에 따라 어떻게 달라지는지 주의 깊게 살필 수 있도록 그림을 보여주며 책을 읽어줍니다.

> 소피가 화를 표출하는 대목은 풍부한 성량으로 감정을 잘 살려서 읽고, 소피의 감정이 누그러드는 대목은 편안한 목소리로 읽습니다.

3 책 내용에 대해 이야기 나눕니다.

> 발문 예시

> - 소피가 화가 나자 소피 몸에서 어떤 반응이 일어났나요?
> - 소피는 화가 폭발하려고 할 때 어떻게 했나요?
> - 숲속에서 한참 시간을 보낸 뒤, 소피의 기분은 어떻게 바뀌었나요?

실험: 분노 폭발

준비물 | 탄산수가 든 페트병(350~500ml)-2개, 쟁반, 수건

1 교실에 공간을 마련하고 모두 둥글게 모여 앉습니다.

2 바닥에 쟁반을 놓고 탄산수 두 병을 나란히 올려놓습니다.

3 탄산수 한 병을 들어 보이며 '이 병이 화난 마음 상태를 보여줄 것'이라고 예고합니다. 교사가 자신이 화났던 일을 이야기하며 병을 세게 흔든 다음 쟁반 위에 내려놓습니다. 그런 다음 가만히 놔둡니다.

4 또 한 병은 교사 옆 사람을 시작으로 모두가 차례로 흔듭니다. 화가 많이 난 일을 말하며 병을 세게 흔든 다음, 옆 사람에게 병을 전달하는 식으로 진행합니다.

5 모든 학생의 차례가 끝나면 교사가 병을 받아 뚜껑을 엽니다.

뚜껑을 한 번에 열면 위험할 수 있으니 탄산수가 넘치는 정도를 보며 안전하게 엽니다. 다 연 다음에는 주위를 정리하고 흥분한 학생들을 진정시킵니다.

6 병을 쟁반에 내려놓은 다음, 교사가 흔들었던 병의 뚜껑을 천천히 엽니다.

7 탄산수 실험을 하며 느낀 점을 나눕니다.

발문 예시

• 화가 나서 세게 흔든 탄산수병을 바로 열었을 때와 한참 놓아두었다가 열었을 때 어떤 차이가 있었나요?
• 우리 마음을 탄산수병에 비유할 때, 화난 마음을 바로 터트리면 어떻게 될까요?

맺는말 | 화날 때 멈추기

화가 나는 것은 자연스러운 현상입니다. 그런데 화를 어떻게 표현하느냐에 따라 좋은 행동을 할 수도, 나쁜 행동을 할 수도 있습니다. 화가 아주 많이 났다고 해서 화를 바로 쏟아 내면 자신뿐 아니라 주위 사람도 피해를 입거나 다칠 수 있습니다. 일단 화를 가라앉힌 다음에, 자신의 감정을 어떻게 표현할지 생각해보고 행동하는 것이 필요합니다.

4 | 감정을 진정시켜요

학습목표
- 화날 때의 신체 반응을 이해한다.
- 화날 때 감정을 가라앉히는 다양한 방법을 사용할 수 있다.

사회성·감성 역량
- 자기 인식, 자기 관리

수업활동
- 화날 때의 신체 반응
- 감정의 응급처치법
- 화를 가라앉히는 방법

화날 때의 신체 반응

1 지난 시간에 읽어준 그림책 『소피가 화나면, 정말 정말 화나면』과 탄산수 실험을 상기시킵니다.

2 눈을 감고 자기가 가장 크게 화난 일을 떠올려 마음속으로 그때로 돌아가서 어떤 모습인지, 몸 상태는 어떤지 느껴보자고 합니다.

모두 눈을 감으면 교사는 다음과 같은 말로 기억을 잘 떠올리도록 도와줍니다. 학생들은 대답하지 않고 자신에게 집중합니다.

- 얼굴에서 열이 나나요, 얼굴이 차가운가요?
- 어깨와 팔에 힘이 들어가 있나요, 힘없이 축 늘어졌나요?
- 심장이 천천히 뛰나요, 쿵쾅쿵쾅 빨리 뛰나요?
- 입은 벌리고 있나요, 꽉 다물고 있나요?
- 주먹은 펴고 있나요, 세게 쥐고 있나요?

3 모두 눈을 뜨게 하고, 저마다 느껴본 몸의 반응에 대해 이야기 나눕니다.

 "화날 때 몸의 반응이 모두 똑같지는 않아요. 그런데 친구가 화나면 어떤 모습인지 알아두면 친구가 화났을 때 알아챌 수 있겠죠? 그러면 화를 돋우는 행동을 삼갈 수 있고 친구가 화를 폭발하기 전에 피할 수도 있어요. 화날 때 몸의 반응을 친구들한테 이야기해볼까요?"

4 학생들의 말을 칠판에 기록한 다음, 그 내용을 바탕으로 화날 때 신체 반응을 몇 가지 특징으로 정리해서 말해줍니다.

> [예시]
> - 체온이 올라가고 몸이 뜨겁게 느껴진다.
> - 어깨와 팔에 힘이 들어가고 굳어진다.
> - 심장이 쿵쾅쿵쾅 빨리 뛴다
> - 입에 힘이 들어가며 이를 꽉 문다.
> - 주먹을 세게 쥔다.

감정의 응급처치법

1 화를 가라앉히는 응급처치법을 배워보자고 제안합니다.

 "화를 진정시키는 가장 쉬운 방법은 바로 심호흡이에요. 화를 가라앉히는 응급처치 호흡법을 배워봅시다."

2 다음과 같은 말로 학생들이 심호흡을 하도록 이끕니다.

안내 말

① 허리를 펴고 앉아 몸에서 힘을 뺍니다.

② 두 손을 포개어 배꼽 주위에 얹습니다. 배 속에 풍선이 들어 있다고 상상합니다.

③ 몸 속으로 공기가 들어가고 나갈 때의 느낌에 집중하며 천천히 심호흡을 해보겠습니다.

④ 코로 숨을 깊게 천천히 들이마십니다. 하나, 둘, 셋.

⑤ 입으로 천천히 숨을 내쉽니다. 하나, 둘, 셋.

⑥ 세 번 더 반복합니다.

3 심호흡해본 느낌에 대해 이야기 나눕니다.

화를 가라앉히는 방법

준비물 | 포스트잇-학생 수만큼

1 "화가 날 때 어떤 방법으로 화를 가라앉히나요?"라고 질문합니다.

2 포스트잇을 나눠주고 '화를 가라앉히는 나만의 방법'을 기록하게 합니다. 다 쓰면 칠판에 붙이게 합니다.

3 포스트잇에 적은 내용을 다 함께 살펴보면서 다른 사람이나 물건에 '피해를 주지 않는 방법'과 '피해를 주는 방법'(예: 주먹으로 벽 때리기, 책 찢기)으로 분류합니다.

4 피해를 주지 않는 방법들을 모두 한목소리로 읽은 다음, 그 외의 방법을 교사가 더 소개합니다.

- 10부터 1까지 거꾸로 숫자 세기
- 물 마시기
- 달리기 · 공차기
- 음악 듣기
- 수건 쥐고 돌려 짜기
- 낙서하기 · 그림 그리기
- 명상하기 · 기분 좋아지는 상상하기

교사를 위한 TIP

수업 후, 화를 가라앉히는 여러 방법을 큰 종이에 적어 교실에 붙여놓고, 교실에서 갈등이 생기거나 학생들이 화났을 때 볼 수 있게 합니다.

맺는말 | 기분 좋아지는 상상하기

화날 때는 먼저 심호흡을 하고 '화를 가라앉히는 나만의 방법'을 사용해봅시다. 그리고 차분히 생각할 준비가 되었을 때 문제를 해결해봅니다. 시간이 흐르면 화가 가라앉고, 화났던 일이 잊히거나 대수롭지 않아 보입니다. 감정이 가라앉지 않고 계속 생각난다면 화나게 만든 사람에게 그 사람의 어떤 말이나 행동 때문에 화가 났는지 솔직하게 말해보세요. 그래도 문제가 해결되지 않으면 선생님이나 부모님에게 도움을 요청하세요.

교사를 위한 TIP

차분한 음악을 틀고 화를 진정시키는 방법 중의 하나인 명상(또는 기분 좋아지는 상상)으로 수업을 마무리할 수 있습니다.

1 | 나의 감정 날씨는

학습목표
- 자신의 감정 상태를 감정 날씨도에 나타낼 수 있다.
- 다양한 감정을 표현하는 어휘를 이해한다.

사회성·감성 역량
- 자기 인식, 사회적 인식

수업활동
- 표현 활동: 나의 감정 날씨는
- 퀴즈: 어떤 감정일까 1·2

표현 활동: 나의 감정 날씨는

준비물 | 감정 날씨도 활동지(pp.273~280)를 붙여서 준비,
포스트잇-학생 수만큼

1 활동을 소개합니다.

"신체 건강을 신경 써야 하듯이, 우리의 정신 건강도 잘 돌봐야 합니다. 마음을 돌본다는 것은 자신의 감정을 잘 살피고 관리하는 것을 말합니다. 여러분은 자신의 감정에 얼마나 관심을 가지고 돌보고 있나요? 자, 이제부터 우리의 감정 상태를 살펴보고 표현해볼 거예요."

2 감정 날씨도(그림 참고)를 학생들에게 보여주며 읽는 방법을 설명합니다.

감정 날씨도 읽는 법

세로축은 신체 에너지의 높고 낮은 정도를, 가로축은 기분이 좋고 나쁜 정도를 나타냅니다. 따라서 노란색 영역은 기분이 좋으면서 에너지가 높은 상태(예: 신남), 초록색은 기분이 좋으면서 에너지는 낮은 상태(예: 편안함), 파란색은 불쾌하면서 에너지가 낮은 상태(예: 슬픔), 빨간색은 불쾌하면서 에너지가 높은 상태(예: 분노)를 나타냅니다.

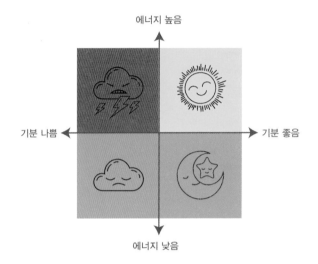

3 학생들에게 포스트잇을 1장씩 나눠주고 자기 이름을 쓰게 합니다.

4 교사가 자신의 에너지 상태와 기분을 감정 날씨도의 적당한 위치에 포스트잇으로 표시해 시범을 보인 다음, 학생들도 한 명씩 차례로 나와서 표시하게 합니다.

활동 예시

5 학급 구성원의 감정이 어떻게 분포하는지 감정 날씨도를 함께 살펴보고, 새로 알거나 느낀 점을 간단히 나눈 다음, 자신과 친구들의 감정에 관심을 갖자고 격려합니다.

 "감정은 계속 변하니까 감정 날씨도에 표시하다 보면 수시로 위치가 바뀝니다. 어떻게 바뀌는지 자신의 감정 변화에 관심을 갖고, 또 친구들의 감정에도 관심을 가져봅시다."

퀴즈: 어떤 감정일까 (1)

준비물 | 『42가지 마음의 색깔』, 허니콤보드 · 보드용 마커—학생 수만큼

책 소개

크리스티나 페레이라 외 · 가브리엘라 티에리 외 | 레드스톤

이 책은 42가지 감정의 이름과 각 감정에 대한 설명, 감정을 표현한 아름다운 그림으로 구성되어 있습니다. 이 책에 담긴 42가지 감정에는 사랑, 미움, 화, 불안, 행복, 역겨움, 좌절, 고독, 그리움, 감사, 후회, 슬픔, 희망, 실망 등이 포함되어 있습니다. 학생들과 감정에 대해 이야기를 나누고 활동할 때, 감정 사전처럼 사용하기에 유용한 책입니다.

1 책 표지를 보여주며 42가지 감정을 담고 있는 책이라고 소개합니다. 어떤 감정들이 있을지 추측하게 해서 학생들이 알고 있는 감정 단어를 말해보게 합니다.

2 보드와 마커를 나눠준 다음, 그림책에 나온 감정 단어(예: 외로움)를 한 가지 골라 읽어주되 어떤 감정인지는 말하지 않습니다. 그다음에 해당 그림을 보여줍니다.
감정 단어가 보이지 않도록 글은 가리고 그림만 보여줍니다.

네가 혼자 있을 때, 다른 사람의 도움을 받을 수 없을 때 (   )이 밀려올 거야. 친구들이 너를 이해해주지 않을 때, 혹은 너를 버렸다는 생각이 들 때 이런 감정이 찾아온단다. 어쩌면 울고 싶어질 수도 있어. (p.58)

3 괄호 안에 들어갈 감정 단어가 무엇인지 추측해서 보드에 쓰게 한 후, 모두 동시에 보드를 들도록 교사가 신호를 줍니다. 학생들이 쓴 단어를 확인한 다음, 답을 알려줍니다.

외로움과 비슷한 의미의 단어도 정답으로 인정해주고, 대부분의 학생과 다른 단어를 쓴 경우에는 이유를 들어봅니다.

4 감정 단어를 4~5가지(예: 화, 슬픔, 부끄러움, 두려움, 감사) 골라 퀴즈를 더 냅니다.

처음에는 비교적 추측하기 쉬운 단어로 퀴즈를 냅니다.

교사를 위한 TIP

국어, 미술 교과목 시간과 연계해 이 책에 나오는 감정 단어를 더 소개하고, 학생들이 각각의 감정을 느낀 경험을 글로 쓰고 그림으로 그려서 '학급 감정 그림책(또는 사전)'을 만들 수 있습니다.

퀴즈: 어떤 감정일까 (2)

고학년
3-1

1 모둠별로 앉게 합니다.

2 모둠에서 한 가지 감정을 정해 말없이 얼굴 표정이나 몸짓만으로 표현하는 방법을 의논합니다.

   감정을 한 가지 정해 그 감정이 일어나는 상황을 표현할 수도 있습니다.

3 모둠별로 발표하고 어떤 감정을 표현했는지 학급 전원이 알아맞힙니다.

맺는말 | 소중한 감정

감정은 날씨와 같습니다. 화창하기도 하고 흐리기도 하고, 비가 쏟아지다가 어느새 맑아지는 날씨와 같이 감정은 매우 다양하고 또 수시로 변합니다. 여러 감정을 한꺼번에 느낄 수도 있습니다. 이처럼 다양한 감정을 좋고 나쁨으로 판단하기보다 감정을 있는 그대로 받아들이고 이해하려고 노력합시다.

2 | 감정을 느껴요

학습목표
- 감사하는 마음을 통해 기분이 바뀌는 것을 경험한다.
- 감정에 따른 신체 반응을 이해한다.

사회성·감성 역량
- 자기 인식

수업활동
- 명상: 감사 전하기
- 모둠 활동: 감정에 따른 신체 반응

명상: 감사 전하기

준비물 | 명상음악 또는 조용한 음악, (지난 시간에 사용한) 감정 날씨도(p.115 준비물), 포스트잇

1 조용한 음악을 들려주고, 학생들에게 눈을 감으라고 합니다.

2 눈을 감은 채로 교사의 안내 말에 따라 과거의 경험이나 생각을 떠올리게 합니다.

안내 말

① 여러분이 가장 사랑하는 사람을 떠올려보세요. 가족, 친구, 누구든 좋습니다.
② 그 사람의 표정을 떠올려보세요.
③ 그 사람과 함께 갔던 곳이나 함께 했던 일을 떠올려보세요.
④ 그 사람이 나에게 해준 따뜻한 말이나 행동을 떠올려보세요.
⑤ 그 사람에게 고마운 마음을 전해보세요.

3 눈을 뜨게 한 다음, 누구를 떠올렸는지 이야기 나눕니다.

4 활동하고 나니 기분이 어떤지 감정 날씨도에 표시하게 합니다

교사를 위한 TIP

뇌과학 연구에 따르면, 고마움을 느끼는 순간 공감, 사랑, 유대감 같은 긍정적인 감정을 느끼는 뇌 부위가 활성화되는데 이는 스트레스를 완화해 두려움, 화, 분노, 충동적 감정을 덜 느끼게 하는 효과가 있다고 합니다. 따라서 감정을 진정시키거나 기분을 전환해야 할 필요가 있을 때 감사의 마음을 갖는 명상을 하거나 정기적으로 감사 일기를 쓸 것을 권장합니다.

활동 예시

모둠 활동: 감정에 따른 신체 반응

준비물 | 활동지(p.281)-모둠 수만큼

1 활동을 소개합니다.

 "다양한 감정 중에는 표정이나 몸짓 등 겉으로 잘 드러나는 감정도 있어요. 그런 신체 반응을 알아챈 적이 있나요? 오늘은 감정에 따른 몸의 반응에 대해서 알아볼 거예요."

2 모둠으로 앉게 한 뒤, 활동지(p.281)를 나눠줍니다.

3 활동지에 묘사된 신체 반응이 어떤 감정일 때 생기는지 이야기 나누고 빈칸에 적습니다.

활동지(p.281)

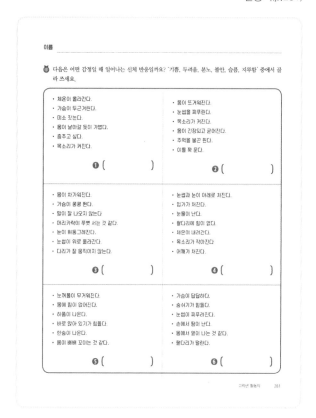

4 모둠별로 발표하고, 교사가 정답을 확인해줍니다.

① 기쁨 ② 분노 ③ 두려움 ④ 슬픔 ⑤ 지루함 ⑥ 불안

5 겉으로 잘 드러나는 감정에는 무엇이 있고, 어떤 신체 반응이 나타나는지 이야기 나눕니다.

맺는말 | 감정을 읽어요

> 우리의 마음과 몸은 서로 연결되어 있습니다. 마음이 아플 때 몸도 아픈 것은 바로 이런 이유 때문입니다. 때로는 몸이 보내는 신호로 감정을 알아차리기도 합니다. 몸이 보내는 신호를 빨리 알아차려서 자신의 감정을 이해하고 돌봐야 합니다.

3 | 내 감정 만지기

학습목표	● 감정을 조절하는 것의 필요성을 이해한다.
	● 화날 때 진정시키는 다양한 방법을 알고 실천할 수 있다.
사회성·감성 역량	● 자기 인식, 자기 관리
수업활동	● 심호흡: 감정의 응급처치
	● 화를 진정시키는 방법
	● 명상: 만다라 색칠하기

심호흡: 감정의 응급처치

1 모두 눈을 감게 한 다음, 자신이 가장 화났던 때와 그때 한 행동을 떠올려보게 합니다.

2 눈을 뜨라고 한 다음, "화가 났을 때 했던 말이나 행동을 후회한 적이 있나요? 왜 그럴까요?"라고 질문합니다.

3 학생들의 대답을 듣고 난 뒤, 멈춤의 중요성을 설명합니다.

"화재가 났을 때 화재경보가 울리듯이, 매우 화나거나 감정의 폭풍이 몰아칠 때 우리 뇌에서는 비상사태가 선포됩니다. 이때 뇌는 즉각 도망가거나 싸울 준비를 하는 데 모든 에너지를 쏟습니다. 아니면 마비되어 꼼짝 못 하게 됩니다. 이런 비상사태 때에는 뇌가 정상적으로 작동하지 않으므로 말이나 행동이 내 의지나 생각과 다르게 튀어나오기 쉽습니다. 감정의 폭풍이 밀려올 때는 일단 멈추는 것이 중요합니다. 이성적으로 생각하는 뇌가 다시 작동할 수 있도록 감정을 가라앉히는 것이 필요합니다."

4 격한 감정을 멈추는 가장 쉬운 방법인 심호흡을 함께해보자고 말하며, 다음과 같이 이끕니다.

안내 말

① 허리를 펴고 앉아 몸에서 힘을 뺍니다.

② 두 손을 포개어 배꼽 주위에 얹으세요. 배 속에 풍선이 들어 있다고 상상합니다.

③ 몸 속으로 공기가 들어가고 나갈 때의 느낌에 집중하며 천천히 심호흡을 합니다.

④ 이제 코로 숨을 깊게 천천히 들이마십니다. 하나, 둘, 셋.

⑤ 입으로 천천히 숨을 내쉽니다. 하나, 둘, 셋.

⑥ 세 번 더 반복합니다.

화를 진정시키는 방법

1 자신이 화날 때 하는 행동과 화를 가라앉히는 방법을 모둠별로 이야기 나누게 합니다.

2 모둠에서 나눈 내용을 발표시킵니다. 교사는 학생들이 발표하는 내용을 칠판에 기록합니다.

3 학생들이 발표한 내용을 '다른 사람이나 물건에 피해를 주지 않는 방법'과 '피해를 주는 방법'으로 함께 구분해봅니다.

4 '다른 사람이나 물건에 피해를 주는 방법은 또 다른 화를 불러일으키거나 갈등을 불러올 수 있으므로, 화날 때 남에게 피해를 주지 않는 방법을 사용하자'고 제안한 다음, 학생들이 발표한 것 외에 남에게 피해 주지 않는 방법을 더 제시해 칠판에 정리합니다.

예시

- 심호흡하기
- 10부터 1까지 거꾸로 숫자 세기
- 물 마시기
- 달리기·공차기
- 음악 듣기·명상
- 수건 쥐고 돌려 짜기
- 그림 그리기·만다라 색칠하기

명상: 만다라 색칠하기

준비물 | 활동지(p.282)-학생 수만큼, 색연필, 조용한 음악

1 화를 진정시키는 방법 중의 하나인 '만다라 색칠하기'를 소개합니다.

만다라는 인도 산스크리트어로 '원'이라는 뜻입니다. 심리학자 카를 구스타프 융(Carl Gustav Jung)은 둥근 원 안에 그림을 그리거나 색칠하는 과정이 마음을 진정시키고 집중하게 하는 효과가 있다고 주장했는데, 융 자신도 만다라 그리기를 즐겼다고 합니다(정여주, 『만다라와 미술치료』, 학지사, 2014).

2 조용한 음악을 틀어주고 만다라 문양을 색연필로 색칠하게 합니다.

만다라 색칠하기는 명상의 한 방법입니다. 자신의 마음에 집중해서 마음이 원하는 대로 색칠하게 합니다. 빨리 완성하는 것이 중요하지 않고 천천히 색칠하며 마음을 진정시키고 집중하는 것이 중요하다고 알려줍니다.

활동지(p.282)

활동 예시

3 이 활동을 하면서 어떤 느낌이 들었는지 이야기 나눕니다.

맺는말 | 내 감정 만지기

모든 감정은 자연스러운 현상이지 좋다 나쁘다 가를 수 없습니다. 하지만 그 감정에 따른 행동은 좋을 수도, 나쁠 수도 있습니다. 화가 날 때는 먼저 심호흡을 한 뒤, 자신이 선호하는 방법으로 감정의 폭풍을 가라앉힙시다. 감정의 폭풍에 휩싸이면 생각하는 뇌가 작동하지 않기 때문에, 자기 뜻과는 다른 말이나 행동이 튀어나올 수 있습니다. 감정이 진정된 다음, 생각하는 뇌가 작동할 때 문제를 해결할 방법을 찾아봅시다.

4 │ 울어도 괜찮아

학습목표
- 눈물을 흘리는 원인이 다양함을 이해한다.
- 부정적인 감정을 흘려보내는 방법을 실천할 수 있다.

사회성·감성 역량
- 자기 인식, 사회적 인식

수업활동
- 그림책 읽어주기: 『눈물바다』
- 표현 활동: 울어도 괜찮아

그림책 읽어주기

준비물 │ 『눈물바다』

책 소개

온종일 속상한 일을 잇따라 겪은 주인공이 꾹꾹 참았던 감정을 터뜨리고 서러운 마음에 울다가 잠이 듭니다. 꿈속에서 자신이 흘린 눈물이 바다로 변하고, 오늘 자신을 힘들게 만든 사람들이 눈물 바다에 휩쓸려 떠내려갑니다. 세상 모든 것이 눈물 바다에 잠겼지만, 주인공은 침대에서 파도를 타며 신나게 바다를 떠다닙니다. 눈물 바다를 한참 떠다니던 주인공은 정신을 차리고, 모두를 눈물 바다에서 건져 냅니다. 실컷 울고 꿈꾸고 난 뒤, 주인공은 후련함을 느낍니다.

서현 │ 사계절

1 학생들이 한 장면 한 장면 충분히 볼 수 있도록 그림을 보여주며 천천히 읽어줍니다. 장면마다 주인공의 감정이 어떠할지 물어봐서 학생들이 다양한 감정 단어로 표현하게 이끌며 읽어줍니다. (예: 억울하다, 실망스럽다, 비참하다, 두렵다, 불안하다, 속상하다, 시원하다, 통쾌하다, 무섭다)

2 그림책을 본 느낌을 나눕니다.

표현 활동: 울어도 괜찮아

준비물 | 포스트잇-학생 수만큼, 조용한 음악

(예: 유키 구라모토 피아노 연주곡 〈레이크 루이즈〉)

1 모두 눈을 감게 하고 조용한 음악을 들려줍니다. 각자 가장 많이 울었던 일을 떠올리고 그 장면을 마음속으로 사진 찍어보라고 합니다.

2 눈을 뜨게 한 다음, 포스트잇을 나눠줍니다. 자신이 울었을 때의 상황을 짧게 기록하게 합니다.

3 '눈물을 흘리는 상황이나 이유는 다양하다'라고 말하며 칠판에 다음과 같은 표를 그린 다음, 각자 자신이 울었던 이유가 적힌 칸에 포스트잇을 붙이게 합니다.

친구들에게 공개하는 것을 힘들어하는 학생이 있다면, 포스트잇에 이름만 써서 붙이게 합니다.

슬픔	고통·아픔	분노·억울함	두려움·놀람	감동	기타

4 학생들이 쓴 내용을 함께 살펴보며 공유합니다.

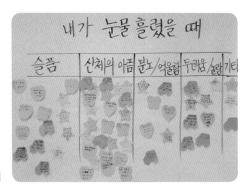

활동 예시

5 경험을 떠올리느라 되살아난 감정을 가라앉히도록 명상을 합니다. 조용한 음악을 틀고 교사
가 천천히 안내합니다.

안내 말

① 눈을 감습니다.
② 천천히 코로 숨을 깊이 들이마십니다.
③ 입으로 숨을 천천히 내뱉으세요.
④ 마음속에 풍선을 그려봅니다.
⑤ 슬픔, 두려움, 또는 아픈 기억을 풍선에 담아봅니다.
⑥ 이제 풍선을 하늘로 날려보냅니다.

교사를 위한 TIP

이 활동 중에 슬픈 기억이 떠올라 감정이 격해지거나 우는 학생이 있을 수 있습니다. 당황하지 말고 그 학생의 감정을 교
사가 공감해주고 친구들이 위로해주는 분위기를 조성하는 것이 필요합니다. 친구가 슬플 때 위로해주고 위로 받는 경험
을 통해 또래 관계가 더 친밀해질 수 있습니다.

맺는말 | 감정 해소 방법

분노나 슬픔과 같이 강렬한 감정이 일어날 때, 감정을 마음 깊숙이 쌓아두면 몸과 마음
이 더 힘들어집니다. 울음은 우리의 감정을 흘려보내는 데 도움을 줍니다. 다만, 적절한 장
소와 방법을 분별하는 것이 필요합니다. 여러분은 감정을 어떻게 해소하나요? 실컷 우
는 것도 좋고, 감정을 글로 솔직하게 표현하는 것도 큰 도움이 됩니다.

04 | 공감 이야기

들어가며

경청에 대해

'깊이 듣기'는 소리를 듣는 지각 작용을 훨씬 넘어선 곳에 있다.

깨어 있는 고요함이 내면에서 솟아올라 현존의 공간이 생성되고

그 안에서 상대의 말을 수용하는 것이다.

그 안에서 말은 이차적인 것이 된다.

말 자체는 의미가 있을 수도 없을 수도 있다.

말보다 훨씬 더 중요한 것은 듣는 행위이며

또한 듣는 사람 안에서 솟아오르는 순수의식의 공간이다.

그곳은 의식이 통일되는 장소이다.

생각이 만들어낸 분리의 장벽 없이 상대를 만나는 곳이다.

이제 상대는 더 이상 '남'이 아니다.

그 공간 안에서 당신과 상대는 하나가 된다.

하나의 맑은 마음, 하나의 순수의식이 된다.

―에크하르트 톨레(Eckhart Tolle), 『고요함의 지혜』(김영사, 2004)

성찰을 위한 질문

- 이 글에서 공감되는 내용이 무엇인가요?
- 누군가의 이야기를 들어줄 때, '하나가 되는' 경험을 한 적이 있는지요?
- 교사로서 하게 되는 고민을 편하게 나눌 수 있는 사람은 누구인가요?

인간관계의 밑거름, 공감

타인의 감정을 존중하고 공감하는 능력은 교실과 지역사회, 나아가 더 넓은 세계에서 따뜻한 인간관계를 맺기 위한 밑거름이 됩니다.[*] 공감 능력이 뛰어난 사람은 타인의 감정과 행동, 의도를 잘 이해할 뿐 아니라 남

[*] 메리 고든(Mary Gordon), 『공감의 뿌리』(샨티, 2010)

을 위로하거나 보살필 줄도 압니다. 이러한 공감 능력은 타인과의 상호작용 속에서 길러집니다. 특히 유년 시절에 부모나 양육자로부터 존중받고 애착 관계가 잘 형성된 환경에서 자란 아동은 공감 능력이 높은 경향이 있습니다. 하지만 공감 능력은 학습과 노력을 통해서도 기를 수 있습니다. '공감의 뿌리(Roots of Empathy)'라는 프로그램을 개발한 캐나다의 메리 고든(Mary Gordon) 박사는 만 5세부터 공감 능력을 포함한 사회성·감성 교육을 하는 것이 중요하다고 강조합니다.

경청과 신뢰

상대방의 말에 공감하기 위해서는 적극적 경청이 필수 요건입니다. 경청은 대화나 토의에 참여할 때뿐 아니라, 의견을 조정하고 갈등을 해결하기 위해서도 필수적입니다. 경청은 상대방의 말에 집중하는 것뿐 아니라 비언어적 표현에 집중하는 것도 포함합니다.

언어는 의사소통에서 매우 중요한 수단이지만 언어만이 소통의 수단인 것은 아닙니다. 실제로 우리는 얼굴 표정이나 몸짓, 말투 등으로 감정을 주고받습니다. 또 언어적 표현이 비언어적 표현과 상반될 때 (예: 이를 꽉 문 채 불만스러운 목소리로 "나는 괜찮아"라고 말하는 것), 대개 상대방은 말보다 비언어적 표현을 믿게 됩니다. 그러므로 학생들에게도 언어적 메시지뿐 아니라 비언어적 메시지에도 집중하면서 비판적 자세가 아닌 공감하는 자세로 듣는 '적극적 경청'을 가르치는 것이 중요합니다.

한편, 내 감정과 생각을 타인과 나누기 위해서는 주위 사람들이 내 감정을 잘 받아들이고 존중한다는 믿음이 전제되어야 합니다. 따라서 서로 신뢰하는 공동체 분위기를 조성하는 노력이 공감 교육과 병행되어야 합니다.

교실에서 학생들의 공감 능력을 기르는 가장 좋은 방법 중 한 가지는 역할극입니다. 역할극은 타인의 입장이 되어 그 사람 관점에서 생각하고 그 사람의 감정에 몰입해보는 기회를 제공합니다. 익숙하지 않은 새로운 상황을 접하거나, 문화와 성장배경이 자신과 다른 사람을 많이 만나고 그들과 생각과 경험을 나누는 것 역시 공감 능력을 기르는 좋은 방법입니다. 이러한 체험학습을 다채롭게 기획하고, 다양한 사람을 교실에 초대해서 이야기 나누는 기회를 마련해보세요.

단원 소개

단원 목표 및 주요 활동

이 단원은 다른 사람과 더불어 살아가기 위해 관계를 형성하고 유지하는 데 꼭 필요한 능력인 공감 능력을 기르는 것을 목표로 하고 있습니다. 누구나 남들에게 공감받기를 원하며, 공감해주는 사람에게 친밀감을 느낍니다.

　　이 단원에서 학생들은 다른 사람의 기분과 감정에 관심을 가지고, 상대방의 이야기를 경청하며, 상대방의 입장이 되어보는 활동을 합니다. 또 다양한 관점을 존중하는 마음가짐을 배울 것입니다. 아울러, 상처 주지 않고 위로하는 방법도 궁리하고 실천하면서, 공동체에서 관계 맺고 상호작용하는 데 필요한 기술인 공감 능력을 기릅니다.

단원 구성 및 내용

학년	소단원	내용
저학년	1 ┃ 감정을 나눠요 2 ┃ 온몸으로 들어요 3 ┃ 마음이 따뜻해 4 ┃ 위로가 필요해	• 경청과 공감의 의미 알기 • 경청과 공감의 태도 이해하기 • 타인의 감정에 공감하기 • 친구 위로하기 • 경청하고 공감하기 • 긍정적으로 바라보기
고학년	1 ┃ 감정을 읽어요 2 ┃ 경청이 뭔가요? 3 ┃ 위로해요 4 ┃ 서로가 필요해	

이 단원에서 활용한 그림책

학년	제목	글, 그림	출판사
저학년	로쿠베, 조금만 기다려	하이타니 겐지로, 초 신타	양철북
	테푸할아버지의 요술 테이프	박은경, 김효주	고래이야기
고학년	가만히 들어주었어	코리 도어펠드	북뱅크
	오소리가 우울하대요	하이어원 오람, 수전 발리	보물창고

학교와 가정에서 함께 읽으면 좋은 그림책

제목	글, 그림	출판사	주제 · 키워드
사고뭉치 하워드는 귀만 크대요	하워드 빈코우, 수전 F. 코넬리슨	맑은가람	경청, 관계
시골 토끼 도시 토끼	나탈리 러셀	키즈엠	공감, 배려, 우정
사자가 작아졌어!	정성훈	비룡소	공감, 용서
어떤 느낌일까?	나카야마 지나쓰, 와다 마코토	보림	공감, 장애
고민 해결사 펭귄 선생님	강경수	시공주니어	경청, 공감
하늘을 나는 사자	사노 요코	천개의바람	경청, 공감
알사탕	백희나	책읽는곰	공감, 관계
내 말 좀 들어주세요, 제발	하인츠 야니쉬, 질케 레플러	상상스쿨	경청, 공감

1 | 감정을 나눠요

학습목표	● 다른 사람의 감정을 추측할 수 있다.
	● 다양한 어휘를 사용해 감정을 표현할 수 있다.
사회성·감성 역량	● 자기 인식, 사회적 인식
수업활동	● 표현 활동: 어떤 감정일까
	● 그림책 읽어주기: 『로쿠베, 조금만 기다려』

표현 활동: 어떤 감정일까

준비물 | 활동지(p.246)—학생 수만큼, 활동지(p.247), 바구니

1 수업 전에 상황 카드(p.247)를 각각 오려서 바구니에 넣어놓습니다. 감정 바퀴(p.246)도 학생 수만큼 만들어놓습니다.

  감정 바퀴는 활동지(p.246)를 두꺼운 종이에 복사하고 화살표를 오린 뒤 할핀으로 고정해 만들면 좋습니다.

활동지(p.246)

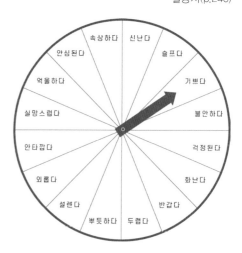

2 감정 바퀴를 나눠주고 감정 바퀴에 적힌 단어들을 다 함께 읽어봅니다. 학생들이 잘 모르는 말이 있으면, 의미를 간단하게 설명해줍니다.

3 바구니에서 상황 카드를 하나 꺼내 읽어줍니다. 학생들 자신이 그 상황에 놓인다면 어떤 감정이 들지 상상해보고 감정 바퀴에서 그 단어를 화살표로 가리키게 합니다.

   같은 상황이라도 사람마다 감정이 다를 수 있으므로 정답이 있지 않다고 알려줍니다.

활동지(p.247)

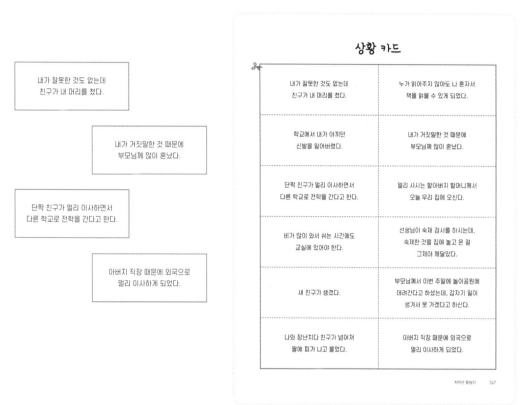

4 교사의 지시에 따라 모두 감정 바퀴를 동시에 들어 보입니다. 그 단어를 선택한 이유에 대해 몇몇 학생의 이야기를 들어봅니다.

   감정이 다를 수 있으므로 이유를 나누는 것이 중요합니다.

5 상황카드 4~5개 정도를 더 해봅니다.

그림책 읽어주기

준비물 | 『로쿠베, 조금만 기다려』, 감정 바퀴(p.246)

책 소개

하이타니 겐지로 · 초 신타 | 양철북

강아지 로쿠베가 깊고 캄캄한 웅덩이에 빠집니다. 로쿠베를 발견한 1학년 아이들이 몰려가 로쿠베를 올라오게 하려고 여러 방법을 써 보지만 소용없습니다. 어른들에게 도움을 청했는데 그들은 별 도움을 주지 않습니다. 아이들은 포기하지 않고 계속 궁리해서 마침내 방법을 생각해냅니다. 아이들은 로쿠베가 좋아하는 여자 친구 쿠키를, 긴 줄을 묶은 바구니에 태워 웅덩이 밑으로 내려보냅니다. 웅덩이 밑으로 내려간 쿠키가 로쿠베를 보고 반가워서 바구니에서 뛰어내리지만, 결국 로쿠베는 쿠키와 함께 바구니를 타고 아이들의 도움을 받아 웅덩이에서 올라옵니다.

1 학생들에게 책 표지를 보여주고 어떤 내용일지 추측해보게 합니다. 등장인물들의 감정이 어떠한지 헤아리며 들어보라고 하고 그림책을 읽어줍니다.

2 그림책을 읽어준 다음, 이야기를 들은 소감을 나눕니다.

> 예시

- 가장 인상적인 장면이 무엇인가요?
- 로쿠베를 구하려는 아이들의 행동과 모습에서 어떤 생각이 드나요?
- 아이들이 도와달라고 부탁하는데도, 그냥 가버리는 어른들을 보고 어떤 생각이 드나요?

3 다음 각 상황에 따라 로쿠베의 감정이 어떻게 달라지는지 짐작한 후 감정 바퀴에 화살표로 가리켜보자고 활동을 설명합니다. 다음과 같이 상황을 제시합니다.

정답이 정해져 있지 않음을 강조합니다.

> 상황

- 로쿠베가 깊고 깜깜한 웅덩이에 빠져 혼자 있을 때
- 웅덩이에 빠진 로쿠베를 아이들이 발견했을 때

- 웅덩이 밑에서 쿠키를 만났을 때
- 쿠키와 함께 웅덩이에서 구조되었을 때

4 각 상황에 대해 학생들이 감정 바퀴를 들어 보이면, 서로 비교하고 그 감정을 선택한 이유를 이야기합니다.

> 교사를 위한 TIP
>
> 이 활동에 감정 바퀴 대신 감정 단어 카드(활동지 p.237 활용)를 사용할 수도 있습니다. 활동을 마친 뒤, 『로쿠베, 조금만 기다려』의 내용을 바탕으로 만들어진 노래 〈으쌰으쌰 로쿠베〉(이혜미 작사·작곡)를 들려주어도 좋습니다.

맺는말 | 공감의 의미

오늘 활동에서처럼, 그림책의 주인공인 로쿠베의 입장이 되어 그 마음을 헤아리고 함께 느끼는 것을 '공감'이라고 합니다. 나와는 다른 사람들과 함께 행복하게 살아가기 위해서는 다른 사람 입장에서 생각하고, 그 마음을 느껴보는 공감이 매우 중요합니다.

2 | 온몸으로 들어요

학습목표	● 경청하는 태도를 익힌다.
	● 다른 사람에게서 공감받는 느낌을 경험할 수 있다.
사회성·감성 역량	● 사회적 인식, 대인관계 기술
수업활동	● 표현 활동: 거울놀이
	● 역할극: 경청의 태도

표현 활동: 거울놀이

1 신체활동을 할 수 있는 공간을 마련한 다음, 2명씩 짝지어 마주 서게 합니다.

2 거울놀이를 할 것이라고 알려주고, 거울 역을 할 사람과 주인공 역을 할 사람을 정하게 합니다.

3 교사가 "시작"이라고 말하면, 주인공 역을 맡은 사람은 자유롭게 표정을 짓거나 몸짓을 하고, 거울 역을 맡은 사람은 그대로 따라 합니다. 2~3분간 진행한 다음에 역할을 바꿔서 합니다.

4 거울놀이를 한 느낌을 나눕니다.

> 발문 예시
>
> • 주인공 역을 할 때 어떤 느낌이 들었어요?
> • 짝이 내 표정과 행동을 잘 따라 하면 어떤 느낌이 들었어요?
> • 거울 역을 할 때, 어떤 느낌이 들었어요?
> • 거울 역을 할 때, 친구의 행동을 그대로 따라 해보니 어떤 점이 힘들었어요?

역할극: 경청의 태도

1 자원하는 학생을 앞으로 나오게 합니다. '가장 즐거웠던 순간'을 떠올려서 '언제, 누구와 무슨 일을 할 때 즐거웠는지' 선생님에게 자세히 이야기해달라고 부탁합니다.

> 모든 학생이 잘 볼 수 있도록 교사와 학생은 교실 앞쪽에 마주 섭니다. 학생이 이야기하기 앞서, 교사는 나머지 학생들에게 친구가 이야기할 때 선생님의 태도를 잘 살펴보라고 말합니다.

2 학생이 이야기를 시작하면 교사는 상대방을 바라보며 듣는 척하다가 잠시 뒤, 몸을 움직이며 무언가를 찾는 시늉을 하거나 고개를 돌리고 딴 곳을 쳐다보는 연기를 합니다. 학생의 이야기가 끝나면 그제야 학생을 바라보며 "그랬구나"라고 대답합니다.

3 역할극이 끝난 뒤 학생들의 의견을 들어봅니다.

> 발문 예시
>
> • (전체 학생에게) 역할극을 보면서 어떤 생각이 들었어요?
>   이야기를 듣는 선생님의 태도에 대해 어떻게 생각해요?
> • (이야기를 한 학생에게) 이야기하면서 어떤 기분이 들었어요?
>   선생님이 마지막에 "그랬구나"라고 말했을 때 어떤 느낌이 들었어요?

4 "내 이야기를 상대방이 열심히 듣고 있다고 느끼게 하려면 어떤 자세로 들어야 할까요?"라고 질문한 다음, 칠판에 '경청의 태도'를 적고 학생들과 함께 읽어봅니다.

> **경청의 태도**
>
> ① (상대방을 바라보며) 집중해서 듣기
> ② (상대방의 표정과 목소리를 살피며) 상대방의 감정을 생각하며 듣기
> ③ 상대방이 이야기하는 도중에 끼어들지 않기

5 역할극을 같이 했던 학생과 다시 역할극을 합니다. 학생이 '가장 즐거웠던 순간'에 대해 다시 이야기하면, 교사가 이번에는 '경청의 태도'를 지키는 시범을 보여줍니다.

6 첫 번째와 비교해 두 번째 역할극에서 선생님의 태도가 어떻게 다른지 학생들에게 물어보고 의견을 들어봅니다.

7 짝과 함께 '경청' 역할극을 해보게 합니다. 가위바위보로 순서를 정해 한 사람이 먼저 '가장 무서웠던 순간'을 떠올려 언제, 어디서, 무슨 일이 있었는지 자세히 이야기한 다음, 역할을 바꿔서 합니다.

8 역할극을 해본 느낌을 나눕니다.

맺는말 | 경청의 태도

우리는 내 이야기를 잘 들어주고 마음을 알아주는 사람과 쉽게 친해지게 됩니다. 상대방의 마음을 알고 공감하려면 상대방의 말뿐 아니라 표정, 몸짓에 온전히 집중해서 감정을 헤아리며 이야기를 들어주는 것이 반드시 필요합니다.

3 | 마음이 따듯해

학습목표
- 다른 사람의 이야기를 경청할 수 있다.
- 상대방의 이야기를 듣고 감정을 읽을 수 있다.

사회성·감성 역량
- 자기 인식, 사회적 인식, 대인관계 기술

수업활동
- 그림책 읽어주기:『테푸할아버지의 요술 테이프』
- 표현 활동: 내 마음을 알아줘서 고마워!

그림책 읽어주기

준비물 |『테푸할아버지의 요술 테이프』

책 소개

박은경·김효주 | 고래이야기

민기네 마을에는 테이프로 낡은 물건을 새것처럼 고쳐주는 수선 가게 가 있습니다. 동네 아이들은 가게 주인을 테푸할아버지라고 부르며 망 가진 물건이 있을 때뿐 아니라 고민이 있을 때도 찾아갑니다. 할아버지 는 아이들의 이야기를 경청하고 공감해주며, 딱 맞는 테이프를 찾아내 아 이들의 고민을 해결해줍니다. 그러던 어느 날 테푸할아버지에게 문제 가 생기자, 테푸할아버지의 도움을 받은 아이들이 머리를 맞대고 힘을 합 쳐 할아버지의 문제를 해결합니다.

1 그림책을 읽어준 다음, 책 내용에 대해 이야기 나눕니다.

> 발문 예시

- 테푸할아버지는 고민이 있는 아이들이 찾아오면 어떻게 했나요?
- 테푸할아버지를 만나 고민을 해결한 아이들의 감정이 어떻게 변했나요?
- 테푸할아버지처럼 여러분의 고민을 들어주는 사람이 있나요? 누구인가요?

표현 활동: 내 마음을 알아줘서 고마워!

준비물 | 활동지(p.248) · 반창고–학생 수만큼

1 활동지를 나눠주고, 고민이나 속상한 일을 그리거나 쓰게 합니다.

활동지(p.248)

2 활동을 마치면, 이어지는 활동을 소개합니다.

"고민이나 속상한 마음을 혼자 껴안고 있으면 마음뿐 아니라 몸도 아플 수 있어요. 그런데 내 이야기를 잘 들이주는 사람이 있다면, 그 사람에게 내 마음을 이야기하는 것만으로도 마음이 덜 아플 수 있어요. 여러분도 친구에게 테푸할아버지와 같은 사람이 되어볼까요?"

3 자원하는 학생 중 한 명과 함께 다음과 같이 시연을 보입니다.

> 시연 방법
>
> ① 학생이 속상한 일이나 고민을 이야기한다(활동지 참고).
> ② 이야기를 들은 뒤, 교사가 감정 단어를 사용해 "~구나(했겠다)"라는 말로 학생의 마음을 공감해준다.
> ③ 학생이 "내 마음을 알아줘서 고마워!"라고 고마움을 표현한다.
> ④ 교사가 학생의 손등에 반창고를 붙여준다.

4 두 명씩 짝지어 앉게 하고 반창고를 나눠줍니다. 고민을 이야기할 순서를 정해 번갈아 해보게 합니다.

활동에 앞서, 공감해줄 때 사용할 감정 단어(속상하다, 슬프다, 아프다, 외롭다, 억울하다, 불안하다 등)를 먼저 이야기해보고 학생들이 참고할 수 있도록 칠판에 써놓습니다.

> **활동 방법**
>
> ① 고민이나 속상한 일을 짝에게 이야기한다.
> ② 짝은 이야기하는 친구의 감정에 공감해주며 듣는다(예: "많이 속상했겠다." "힘들구나.").
> ③ 이야기를 마치면 잘 들어준 짝에게 고마움을 표현한다("내 마음을 알아줘서 고마워!").
> ④ 짝이 반창고를 붙여준다.
>
>

5 활동해본 소감을 나눕니다.

맺는말 | 경청과 공감

속상할 때 누군가 내 이야기를 가만히 들어주기만 해도 속상한 마음이 누그러지기도 합니다. 놀리거나 비난하지 않고 서로의 이야기를 들어주고 공감해주세요. 감정을 헤아려주는 말과 행동은 우리의 마음을 따뜻하게 해주고 용기를 줍니다.

4 | 위로가 필요해

학습목표
- 어떤 말과 행동이 다른 사람에게 상처가 될 수 있는지 이해한다.
- 다른 사람을 위로하는 말과 행동을 할 수 있다.

사회성·감성 역량
- 사회적 인식, 대인관계 기술

수업활동
- 스토리텔링: 기분을 망치는 말과 행동
- 역할극: 위로가 되는 말과 행동

스토리텔링: 기분을 망치는 말과 행동

준비물 | 활동지(pp.249~250), 끈 또는 털실

1 하트 모양을 빨간 용지에 출력하거나 색지를 오린 뒤 끈이나 털실을 꿰어 '하트 목걸이'를 준비
합니다. 목걸이를 목에 걸고 하트의 의미를 추측해보라고 합니다.

이 수업에서 하트 목걸이가 모두 6개 필요합니다.

활동지(p.249)

 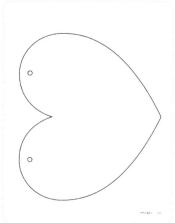

2 하트는 '앞으로 들려줄 이야기의 주인공 수진이의 마음'이라고 알려준 다음, '수진이의 하루'
를 읽어줍니다. 최대한 감정을 살려 극적인 분위기를 조성하면서 끝까지 읽되, 하트 모양이 있
는 대목에서는 하트를 조금씩 찢어 바닥에 떨어뜨립니다.

이 행위는 수진이의 마음이 갈기갈기 찢기는 것을 표현합니다.

활동지(p.250)

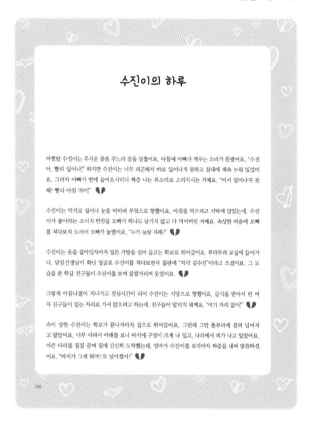

3 스토리텔링을 마치면 바닥에 떨어진 하트 조각들을 집으며, 수진이의 마음(하트)이 어떻게 되었
는지 물어봅니다.

4 "수진이 입장이라면 어떤 기분일 것 같아요?"라고 질문하고 의견을 나눕니다.

역할극: 위로가 되는 말과 행동

준비물 | 활동지(p.250), 활동지(p.251)–모둠 수만큼,
하트 모양 포스트잇–모둠에 5장씩, 하트 목걸이–5개

1 학생들을 5명씩 모둠으로 나누어 앉도록 하고, 활동지(p.251)를 나눠줍니다.

2 "지금부터 수진이를 속상하게 한 말이나 행동을 찾아볼 거예요."라고 말하고 활동지(p.250)를 단락별로 읽어줍니다. 한 단락을 읽은 다음 '속상하게 한 말이나 행동'을 모둠별로 의논해서 활동지에 기록할 시간을 준 뒤, 그다음 단락을 읽어줍니다.

3 단락을 모두 읽은 뒤 "수진이를 속상하게 한 말이나 행동 대신 어떤 말이나 행동을 했다면 수진이에게 위로가 되었을까요?"라고 질문하고, 모둠별로 의논해서 '위로가 되는 말이나 행동' 칸에 쓰게 합니다.

예시　　　　　　　　　　　　　　　　　　　　　　　　　　　　　　활동지(p.251)

	속상하게 한 말이나 행동 🤍	위로가 되는 말이나 행동 🤍
아침에 일어나기 힘들어할 때 (아빠)	짜증나는 목소리 "어서 일어나지 못해?"	부드러운 목소리로 말하기 "밤새 잠을 잘 못 잤니?"
좋아하는 소시지가 하나도 남지 않았을 때 (오빠)	놀리기 "누가 늦잠 자래?"	"내가 소시지를 다 먹어버려서 미안해."
학교에 지각했을 때 (선생님과 친구들)	깔깔거리며 웃기	반갑게 웃어주기
점심시간에 친구들 옆에 앉으려 할 때 (친구들)	"여기 자리 없어!"	"어서 와, 여기 앉아."
아픈 다리를 끌고 집에 돌아왔을 때 (엄마)	"또 넘어졌어?"	"많이 아프겠네."

4 하트 모양 포스트잇을 모둠별로 5장씩 나눠주고, 각각의 상황에 대한 위로의 말을 포스트잇에 옮겨 적게 합니다.

5 수진이의 마음이 상하지 않게 위로하는 말과 행동을 해보는 역할극을 할 것이라고 예고합니다.

6 수진이와 비슷한 경험을 한 적이 있는지 물어봐서 그 학생들을 중심으로 수진이 역을 5명 뽑고, 교실 앞쪽으로 나오게 해서 하트 목걸이를 걸어줍니다.

각 상황을 적은 하트 목걸이 5개를 미리 준비합니다. 수진이 역을 할 학생들이 한 모둠에 몰리지 않도록 골고루 뽑습니다.

예시

- 아침에 늦게 일어났을 때
- 좋아하는 반찬을 오빠가 다 먹어버렸을 때
- 지각해서 창피했을 때
- 점심시간에 친구들 옆에 앉으려고 할 때
- 넘어져 다쳐 집에 왔을 때

하트 목걸이 예시

7 나머지 학생들은 수진이를 위로하는 역할을 맡는다고 말하고 활동 방법을 알려줍니다.

모둠별로 차례로 움직이도록 해서 학생들이 한꺼번에 몰리는 것을 예방합니다.

활동 방법

① 모둠별로 작성한 포스트잇을 1장씩 나눠 가진다.
② 각자 해당 상황이 적힌 목걸이를 걸고 있는 수진이를 찾아간다.
③ 수진이가 놓인 상황에 공감해주고 위로하는 말을 한 다음, 하트 목걸이에 포스트잇을 붙여준다.

활동 예시

8 활동을 마친 뒤 소감을 나눕니다.

교사를 위한 TIP

이 활동을 마친 뒤 〈빛 −친구를 위로하는 방법〉(유재환 작사·작곡)을 들려주고 함께 불러보면 좋습니다.

맺는말 | 위로의 말과 행동

우리가 쉽게 하는 말이나 행동이 상대방의 마음을 아프게 할 때가 많습니다. 속상할 때는 그런 말과 행동이 더 큰 상처가 될 수 있습니다. 남에게 상처 주는 말이나 행동 대신 마음을 헤아리는 위로의 말과 행동을 하도록 노력합시다.

1 | 감정을 읽어요

학습목표
- 공감의 의미와 자세를 이해한다.
- 책 속 등장인물의 마음을 말로 표현할 수 있다.

사회성·감성 역량
- 사회적 인식, 대인관계 기술

수업활동
- 그림책 읽어주기: 『가만히 들어주었어』
- 표현활동: 감정 읽기(공감)

그림책 읽어주기

준비물 | 『가만히 들어주었어』

책 소개

코리 도어펠드 | 북뱅크

테일러가 공들여 만든 크고 멋진 성을 흐뭇하게 바라보는데, 새들이 날아와 성이 순식간에 무너집니다. 허탈하고 속상해서 쭈그려 앉아 있는 테일러에게 동물 친구들이 찾아와 위로하지만, 테일러가 아무 반응도 하지 않자 모두 떠나버립니다. 그런데 토끼가 천천히 다가와 테일러 곁에 가만히 있습니다. 시간이 흐르고 테일러가 드디어 말문을 열어 마음속에 있던 말을 쏟아 냅니다. 토끼는 테일러의 이야기를 가만히 들어줍니다. 속상한 마음이 풀어진 테일러는 성을 다시 쌓기 시작합니다.

1 그림책을 읽어줍니다. 주인공의 마음이 어떠할지 표정에서 짐작하고 공감할 수 있도록 그림을 보여주며 천천히 읽습니다.

2 그림책을 본 소감을 나눕니다.

발문 예시

- 작가는 많은 동물 중에서 왜 하필 토끼를 선택했을까요?
- 토끼의 어떤 행동이나 태도가 테일러의 마음을 움직였을까요?
- 이 책을 읽고 무엇을 느꼈나요?

표현 활동: 감정 읽기(공감)

준비물 | 활동지(pp.283~284)-2명에 1장씩, 풀, 가위

1 짝과 함께 앉게 하고, 감정 단어 카드와 활동지를 2명에 1장씩 나눠줍니다.

활동지(pp.283~284)

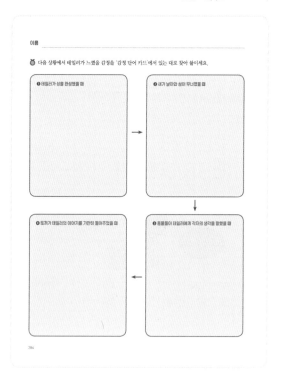

2 감정 단어를 다 같이 살펴보고, 그중 잘 모르는 단어는 이야기 나누며 의미를 파악합니다.

3 『가만히 들어주었어』의 주인공 테일러가 각각의 상황에서 느꼈을 감정을 짝과 의논한 뒤, 그에 해당하는 단어를 오려 활동지에 붙이게 합니다.

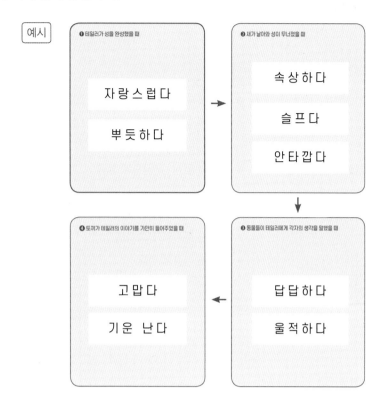

맺는말 | 공감의 의미

우리가 다른 사람과 친밀한 관계를 맺는 데 반드시 필요한 것이 공감입니다. 공감을 잘하기 위해서는 상대방의 이야기를 온 마음을 다해 들으며 상대방의 마음을 헤아리는 자세가 필요합니다.

2 | 경청이 뭔가요?

학습목표
- 공감에 필요한 경청의 자세를 이해한다
- 경청을 실천할 수 있다.

사회성·감성 역량
- 사회적 인식, 대인관계 기술

수업활동
- 역할극: 듣고 있나요?
- 모둠 활동: 경청의 자세
- 짝 활동: 경청 연습

역할극: 듣고 있나요?

1 짧은 역할극을 하겠다고 예고하고, 자원하는 학생 중 2명을 교실 앞쪽으로 나오게 합니다. 각각의 역할에 대해 교사가 따로 설명해줍니다.

   한 학생(말하는 역)에게는 '가장 행복했던 순간'에 대해 이야기하라고 하고, 또 한 학생(듣는 역)에게는 상대방이 이야기할 때 시선을 땅바닥에 두거나 중간중간 다른 곳을 쳐다보는 등 집중하지 않는 행동을 하라고 설명합니다.

2 1~2분간 역할극을 마친 뒤, 말하는 역할을 한 학생에게 이야기할 때 어떤 느낌이 들었는지 물어봅니다.

3 역할극을 본 학생들은 어떤 느낌이 들었는지 이야기 나눕니다.

   발문 예시
   - 듣는 역할을 한 학생의 태도에서 무엇이 문제인가요?
   - 상대방의 이야기에 집중하고 잘 듣기 위해서는 어떤 자세와 행동이 필요할까요?

4 듣는 역할을 한 학생에게 이번에는 상대방과 눈을 맞추며 집중해서 이야기를 듣는 태도를 보여 달라고 주문하고, 역할극을 다시 하게 합니다.

5 역할극을 본 소감을 나눕니다. 첫 번째 역할극과 다른 점도 이야기해봅니다.

고학년
4-2

모둠 활동: 경청의 자세

준비물 | 활동지(p.285)-모둠 수만큼

1 칠판에 '경청'을 한자(기울어질 경傾, 들을 청聽)로 쓰고, '경청'이라는 한자에는 다른 사람의 이야기를 듣는 바른 자세가 담겨 있다고 설명합니다.

2 모둠별로 활동지를 나눠줍니다. 한자 '청(聽)'을 이루는 요소들의 뜻을 바탕으로 '들을 청'에 담긴 뜻을 해석하는 토의를 하게 합니다.

 귀 이(耳) + 임금 왕(王) + 열 십(十) + 눈 목(目) + 한 일(一) + 마음 심(心)

3 토의를 마치면, 각 모둠에서 생각한 것을 발표시킵니다.

4 학생들이 발표한 내용을 수렴하면서 '청(聽)'의 의미를 설명해줍니다.

"왕과 같은 큰 귀로 듣고, 열 개의 눈으로 보며, 하나의 마음으로 듣는다. 즉, 귀를 크게 열어 듣고, 상대를 집중해서 보며, 말하는 사람과 하나 되는 마음으로 듣는다는 의미를 담고 있어요. 이 것이 바른 경청의 자세입니다."

짝 활동: 경청 연습

1 둘씩 짝지어 상대방 이야기를 경청하는 연습을 하게 합니다. 상대방이 자기 이야기를 할 수 있게 질문하고, 바른 경청의 자세로 듣는 활동입니다.

질문 예시

- 가장 속상했던 때가 언제야? 무슨 일이 있었는데?
- 속상할 때 어떤 위로를 받고 싶어?

2 활동해본 소감을 나눕니다.

맺는말 | 공감과 경청

다른 사람과 관계 맺고 친해지기 위해서는 공감하는 태도가 필요합니다. 공감을 잘하려면 상대방 이야기를 잘 들어주는 경청이 우선해야 합니다. 내가 먼저 다른 사람의 말을 경청하고 공감해준다면, 상대방도 내 말을 경청하고 공감해주고 싶을 것입니다.

3 | 위로해요

학습목표	● 우울한 감정을 이해하고 공감할 수 있다.
	● 친구의 기분을 좋게 하는 말과 행동을 할 수 있다.
사회성·감성 역량	● 사회적 인식, 대인관계 기술
수업활동	● 그림책 읽어주기: 『오소리가 우울하대요』
	● 표현 활동: 상장 수여식

그림책 읽어주기

준비물 | 『오소리가 우울하대요』

책 소개

**오소리가
우울하대요**

하이어원 오람 · 수전 발리 | 보물창고

오소리가 우울에 잠깁니다. 걱정되어 찾아온 동물 친구들에게 오소리는 혼자 있고 싶다며 짜증을 냅니다. 다람쥐와 토끼는 마음이 상해 돌아가지만 두더지는 오소리 곁에 남습니다. 친구들이 오소리의 기분을 풀어줄 방법을 궁리하던 중, 두더지가 시상식을 열자고 제안합니다. 그리고 숲속 동물 하나하나의 특징과 장점을 칭찬해 상을 줍니다. 오소리에게는 다섯 부문의 상을 줍니다. 오소리는 자신이 얼마나 중요한 존재인지, 친구들에게 얼마나 많은 사랑을 받고 있는지를 깨닫고 우울에서 벗어납니다.

그림책을 읽어준 다음, 책 내용 및 그와 관련된 경험을 나눕니다.

발문 예시

- 우울은 어떤 느낌일까요?
- 오소리의 우울한 마음은 어떻게 사라졌나요?
- 여러분은 언제 우울을 느끼나요?

교사를 위한 TIP

우울한 감정에 대한 이해를 돕기 위해, 앞 단원 「감정 이야기」에서 활용한 『42가지 마음의 색깔』 중 「우울함」(p. 64)를 읽어주면 좋습니다. 또, 우울을 느끼는 것이 나쁘거나 잘못된 일은 아니지만 이 감정에 오래 머물러 있으면 마음의 병이 생길 수 있으므로, 다른 사람의 도움도 필요하고, 우울을 흘려보내기 위해 운동, 그림 그리기, 음악 듣기, 노래 부르기, 맛있는 음식 먹기 등 스스로도 노력해야 한다는 것을 알려주세요.

표현 활동: 상장 수여식

준비물 | 활동지(p.286)–학생 수만큼, 학생들 이름이 각각 적힌 쪽지, 바구니

1 우울한 오소리를 위해 숲속 친구들이 시상식을 했듯이, 우리 학급에서도 저마다의 특징이나 장점, 칭찬할 점을 찾아 상을 수여하자고 제안합니다.

2 학생들 이름이 적힌 쪽지를 바구니에 담아놓고, 차례대로 한 명씩 쪽지를 뽑게 합니다.

자기 이름이 적힌 쪽지가 나오면 다시 뽑습니다.

3 상장 양식을 보여주고 상장에 들어가는 요소를 다 함께 확인합니다.

상 이름, 수상자 이름, 수상 이유, 시상 날짜, 수여자   활동지(p.286)

4 상장 양식을 나눠주고, 자신이 뽑은 친구에게 주고 싶은 상장을 작성하게 합니다.

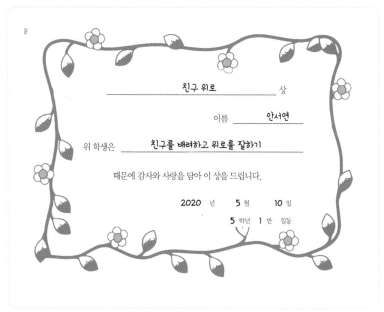

위 학생은 **친구를 배려하고 위로를 잘하기**

때문에 감사와 사랑을 담아 이 상을 드립니다.

2020 년 5 월 10 일

5 학년 1 반 일동

활동 예시

5 상장 수여식을 합니다. 처음에는 자원하는 학생이 교실 앞쪽으로 나가 자기가 만든 상장을 받을 친구를 나오게 한 뒤 상장을 읽고 수여합니다. 그다음부터는 상장을 받은 학생이 자기가 만든 상장을 수여하는 식으로 진행합니다.

6 활동한 소감을 나눕니다.

맺는말 | 우울한 감정

사람은 혼자서는 살아갈 수 없고, 다른 사람들과 관계를 맺고 서로 도우며 살아가는 존재입니다. 특히 우울한 기분이 들 때에는 스스로의 노력도 필요하지만, 다른 사람의 관심과 위로가 정말 필요합니다. 내 감정뿐 아니라 다른 사람의 감정에도 관심을 가지고, 마음을 주고받고 돌보며 살아갑시다.

4 | 서로가 필요해

학습목표	● 상대방의 감정을 헤아리며 공감하는 말을 할 수 있다.
	● 위로가 되는 말과 행동을 할 수 있다.
사회성·감성 역량	● 사회적 인식, 대인관계 기술
수업활동	● 노래 감상: 〈빛〉
	● 역할극: 위로 또는 상처가 되는 말과 행동

노래 감상: 〈빛〉

준비물 | 〈빛〉(유재환 곡) 동영상 또는 음원, 활동지(p.287)-학생 수만큼

1 "위로란 무엇일까요?"라고 질문한 뒤 저마다 생각하는 '위로'의 의미를 이야기합니다.

2 〈빛: 친구를 위로하는 방법〉 음원이나 동영상을 틀고, 다 함께 감상합니다.

3 노래를 들으면서 어떤 느낌이나 생각이 들었는지 이야기 나눕니다.

4 노랫말 유인물을 나눠주고, 노랫말을 보며 함께 노래를 부릅니다.

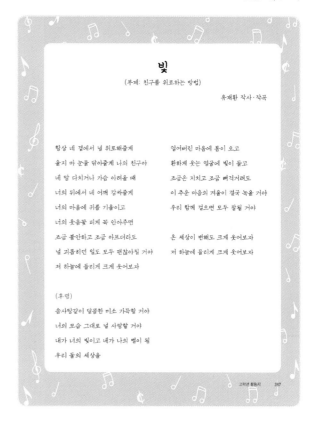

고학년
4 - 4

역할극: 위로 또는 상처가 되는 말과 행동

준비물 | 활동지(p.288), 바구니, 포스트잇-학생 수만큼

1 포스트잇을 1장씩 나눠주고, 자신에게 '위로가 된 말이나 행동'을 쓰게 합니다.

예시

• "도움이 필요하면 얘기해."
• 옆에 같이 있어주기
• 등 토닥이기
• "괜찮아?"

2 차례로 나와서 포스트잇을 칠판에 붙이게 하고, 함께 살펴봅니다.

내용을 읽어주면서, 어떤 상황에서 그 말이나 행동이 위로가 되었는지 해당 학생의 설명을 들어봅니다.

3 모둠별로 앉게 한 뒤 역할극을 할 것이라고 예고하고, 상황 카드를 모둠별로 1장씩 뽑게 합니다.

상황 카드는 미리 잘라서 접은 뒤, 바구니에 담아둡니다. 제시된 상황 외에 학급 상황에 맞는 예시를 추가하거나 바꿀 수 있습니다.

활동지(p.288)

상황 카드

학급에 맞는 상황을 빈칸에 추가할 수 있습니다.

내가 게임을 너무 많이 해서 부모님이 스마트폰을 빼앗으셨다.	친구들이 나를 카톡방에 강제로 초대해 내 험담을 했다.
친구가 자기 일을 대신 해 달라고 자꾸 부탁하는데 거절도 못 하고 힘들다.	사람들 앞에서 발표할 때마다 많이 떨리는데, 내일 학예회에서 실수할까 봐 걱정된다.
학원에서 시험을 봤는데 성적이 떨어져서 엄마한테 혼났다.	할아버지께서 많이 편찮으셔서 병원에 입원하셨다.
부모님이 새로 사주신 옷을 입고 학교에 왔는데 친구들이 이상하다고 놀렸다.	운동회에서 반 대항 릴레이를 하는데 내가 넘어져서 우리 반이 꼴찌를 했다.
어젯밤에 부모님이 싸우셔서 잠을 제대로 못 자고 학교에 왔다.	부모님께서 이번 주말에 놀이공원에 데려간다고 하셨는데, 바쁜 일이 생겨서 못 가겠다고 하신다.

288

---

4 카드에 적힌 상황을 바탕으로 역할극을 2가지 만들어보게 합니다. 하나는 친구에게 상처가 되는 말과 행동을 하는 역할극, 또 하나는 친구에게 위로가 되는 말과 행동을 하는 역할극을 준비합니다.

5 준비한 역할극을 모둠별로 발표하게 합니다.

6 역할극을 준비하고 실제로 해보면서 느낀 점을 나눕니다.

맺는말 | 위로의 말과 행동

내가 무심코 하는 말이나 작은 행동이 다른 사람의 마음에 상처가 되기도 하고 위로가 되기도 합니다. 내가 하는 말과 행동이 공감과 위로가 될 수 있도록 상대방의 마음을 헤아리며 행동하는 우리가 되어야 하겠습니다.

05 | 소통
이야기

들어가며

교사의 갈등 중재

학생들의 갈등을 중재할 때 교사가 유의할 점이 있는데, 그것은 훈계하고 싶은 마음을 내려놓는 것이다. 교사의 개입이 도움이 안 되고 오히려 갈등이 증폭되는 경우가 있는데, 대부분 교사가 훈계를 하거나 잘잘못을 판결하려는 것이 원인일 때가 많다. 일어난 사건에 따른 당사자들의 목소리가 충분히 서로에게 들리고 공감되지 않은 채 이루어지는 판결은 당사자들로 하여금 억울함과 분노를 더욱 자극해 관계가 악화되기 십상이다.

교사가 학생 사이에 일어난 일에 대해 판단하지 않는 것은 의외로 쉬운 일이 아니다. 교사는 옳고 그름을 판단해주고 가르치는 것이 교육자로서의 역할이라고 생각하기 때문에 더욱 그렇다. 하지만 불행하게도 교사가 그런 노력을 할수록 갈등은 더욱 악화되는 것이 현실이다. 문제의 해결책은 당사자가 가장 잘 알고 있다. 교사가 대신 해결책을 내놓으려고 애쓰기보다는 당사자인 학생들이 스스로 답을 찾을 수 있도록 안내해주는 것이 훨씬 더 도움이 되며 문제도 쉽게 해결된다.

—박숙영, 『공동체가 새로워지는 회복적 생활교육을 만나다』(좋은교사, 2014)

성찰을 위한 질문

- 선생님은 갈등 상황에 놓였을 때 주로 어떤 방식으로 대처하나요?
- 누군가와 갈등이 생길 때 사용하는 갈등 해결 전략이 있는지요?
- 학생들 사이에 갈등이 일어날 때, 선생님은 갈등을 해결해주는 편인가요, 아니면 학생들 스스로 갈등을 해결하도록 지지하고 돕는 편인가요?

갈등 대처 유형

심리학자 케네스 토머스(Kenneth Thomas)는 갈등에 대응하는 사람의 유형을 5가지로 구분했습니다.[*]

---

[*] Thomas, K. W. (1976). Conflict and conflict management. In Dunnette, M. D. (Ed.) *Handbook of Industrial and Organizational Psychology*, Chicago:Rand Mcnally, 889-935.

1) 이기려는 사람(경쟁형)

자신의 욕구에 대한 관심은 많으면서 타인의 욕구는 배려하지 않고, 자신의 목표만을 추구해 이기고 싶어 하는 경쟁적인 태도를 보인다. 목표 달성을 위해 상대방과의 관계를 희생한다.

2) 양보하는 사람(순응형)

상대방과의 긍정적인 관계를 중시하고, 자신의 욕구에 대한 관심은 적으면서 타인의 욕구는 많이 배려한다. 자신의 욕구를 표현하지 않고 자기주장을 잘 못하거나 안 한다.

3) 회피하는 사람(회피형)

자신의 욕구에 대한 관심도 적고 타인의 욕구에 대한 배려도 적다. 큰 갈등을 우려해 당장의 문제 해결을 미루는 경향이 있다.

4) 타협점을 찾는 사람(타협형)

자신의 욕구와 상대방의 욕구 모두에 어느 정도 주목하며, 자신이 추구하는 것을 상대방의 목표와 절충해 문제를 타협적으로 해결한다.

5) 서로 윈윈하는 방법을 찾는 사람(협력형)

상대방과 함께 협력적인 방식으로 문제를 해결하려 한다. 서로의 목표를 충족시키고자 효과적인 상호관계를 형성한다.

갈등 해결 방법

성장배경, 경험, 사고방식 등이 저마다 다른 이들이 함께 살다 보면 갈등은 생기기 마련입니다. 이렇게 갈등이 생길 때 회피, 순응, 경쟁 등의 방식으로 갈등에 대처하기보다는 적극적으로 갈등에 맞서고 타협하거나 협력해서 풀어가는 것이 서로에게 더 좋을 뿐 아니라 원만한 대인관계를 형성하는 방법이기도 합니다. 회피하거나 순응함으로써 문제를 덮으려고만 하면 오히려 더 큰 피해가 생길 수 있습니다. 서로 소통하고 윈윈하는 방법을 찾으며 갈등을 해결하는 것은 시간이 오래 걸린다는 단점이 있겠지만, 개인의 안녕을 위해서도, 지속적인 관계를 유지하는 데 있어서도 중요합니다. 갈등을 해결하는 방법을 찾고 화해하는 과정을 통해 오히려 관계가 더 친밀해질 수도 있습니다.

학교는 학생들이 갈등에 대처하는 바람직한 기술을 습득하고 갈등 해결을 연습하는 최적의 장소입니다. 그럼에도 시간 부족 등을 이유로 갈등을 덮거나 누군가의 강요에 의해 한쪽의 일방적 양보로 매듭짓는다면, 이는 학생들이 갈등을 마주하고 해결하는 기술을 익힐 기회를 빼앗는 것과 같습니다. 만약 그런 기술을 학교에서 습득하지 못한 채 사회에 나온다면, 그로 인한 부작용은 개인뿐 아니라 우리 사회가 감당해야 합니다.

따라서 갈등이 생겼을 때 학생들이 자신의 욕구와 상대방의 욕구를 함께 살피며 자신의 생각과 감정을 전달할 수 있는 '나-전달법'의 대화, 원원전략, 사과의 방법 등을 이해하고, 이를 연습하며 갈등을 스스로 해결할 수 있는 내면의 힘과 능력을 길러주는 것이 필요합니다.

1) 나-전달법(I-message)

토머스 고든(Thomas Gordon)에 의하면 우리는 갈등이 생기거나 마음이 불편할 때, '너-전달법'을 주로 사용한다고 합니다. "네가 나한테 짜증 냈잖아!"와 같은 너-전달법의 말은 상대방을 비난하거나 공격하는 것으로 들려 상대방에게 상처를 주는 한편, 상대방이 방어적이고 공격적인 자세를 취하게 만듭니다. 내 감정이나 요구가 상대방에게 전달되기보다는 거부당하는 결과를 가져오기 쉽습니다. 따라서 우리는 상대방에게 상처를 주거나 상대방이 방어적이지 않게 만들면서 내 감정을 표현하는 방법을 사용할 필요가 있습니다. 이처럼 상대방의 어떤 행동이 나에게 어떤 영향을 미쳤는지, 그래서 나의 감정이 어떤지를 표현하는 의사소통 방법을 '나-전달법'이라고 합니다. [*]

나-전달법	너-전달법
• 주어가 '나' • 상대방에게 요청하는 말투 • 서로에 대한 '이해'와 '관계 회복'이 목적	• 주어가 '너' • 상대방을 비난하는 말투 • 서로에 대한 '비난'과 '공격'이 목적

나-전달법으로 말할 때에는 다음 요소를 포함해 마음을 전달하는 것이 필요합니다.

① 영향: 상대방의 행동이 나에게 미친 영향
② 감정: 그 행동과 영향으로 생긴 나의 감정
③ 요청: 변화를 위한 요청

---

[*] 토머스 고든(Thomas Gordon), 『부모 역할 훈련』(양철북, 2002)

2) 윈윈(win-win) 전략

① 서로의 욕구(원하는 것)를 대화로 소통합니다.

② 서로의 욕구를 동시에 채울 수 있는, 실천 가능한 방법을 함께 찾습니다.

3) 사과하기

'미안하다'는 말만으로는 마음이 전달되지 않을 때가 많습니다. 사과에도 기술이 필요합니다. 사과는 상황 발생 후 가능한 한 빠른 시간에 하는 것이 좋으며, 이때 미안한 이유를 구체적으로 말하고 사과하는 것이 필요합니다. 진심 어린 사과의 마음을 다음의 단계를 거쳐 표현해야 합니다.

〈사과의 단계〉

1. 책임(잘못) 인정하기
(예: ～한 것은 내 잘못이야. 미안해.)

⬇

2. 변화를 위한 약속 하기
(예: 앞으로 ～하도록 노력할게.)

⬇

3. 용서 구하기
(예: 용서해줄래?)

단원 소개 _____

단원 목표 및 주요 활동

이 단원은 학생들이 상대방의 관점이 나와 다를 수 있음을 이해함으로써 갈등을 예방하고, 갈등이 생겼을 때 서로의 생각과 감정을 솔직하게 표현하고 소통하며 문제를 해결하는 능력을 기르는 것을 목표로 합니다. 생각과 경험, 배경 등이 저마다 다른 사람들이 함께 살아가다 보면 갈등이 생기기 마련입니다. 그런데 갈등이 생길 때 어떻게 반응하고 대처하는지에 따라 관계가 회복될 수도, 끊어질 수도 있습니다.

　　이 단원에서 학생들은 관점의 상대성을 이해하고, 갈등 상황에서 관계를 회복하는 데 유용한 '나-전달법'을 익힙니다. 나아가 갈등 상황에 놓인 쌍방에게 모두 이로운 방향으로 문제를 해결하는 '윈윈전략'을 배우고 적용해봅니다.

단원 구성 및 내용

학년	소단원	내용
저학년	1 │ 관점은 다양해 2 │ 틀린 건 아니야 3 │ 소통이 필요해 4 │ 갈등을 해결해요	• 소통을 위한 언어 사용하기 • 상대적 관점 이해하기 • 다양한 관점 존중하기 • 고정관념, 편견 버리기
고학년	1 │ 관점은 달라요 2 │ 대화가 필요해 3 │ 너도 나도 윈윈 4 │ 사과하는 용기	• 비폭력적으로 갈등 해결하기 • 나-전달법으로 대화하기 • 윈윈전략으로 갈등 해결하기 • 진심이 전해지는 사과 방법 익히기

이 단원에서 활용한 그림책

학년	제목	글, 그림	출판사
저학년	늑대가 들려주는 아기 돼지 삼 형제 이야기	존 셰스카, 레인 스미스	보림
	일곱 마리 눈먼 생쥐	에드 영	시공주니어
고학년	반이나 차 있을까 반밖에 없을까?	이보나 흐미엘레프스카	논장
	여섯 마리 까마귀	레오 리오니	마루벌

학교와 가정에서 함께 읽으면 좋은 그림책

제목	글, 그림	출판사	주제 · 키워드
흔들흔들 다리에서	기무라 유이치, 하타 고시로	천개의바람	갈등 해결, 화해
너랑 절대 말 안 해	가사이 마리	북뱅크	갈등 해결, 화해
나는 사실대로 말했을 뿐이야!	패트리샤 맥키삭, 지젤 포터	고래이야기	대화 기술
니콜라스, 어디에 있었어?	레오 리오니	시공주니어	고정관념, 편견
상어 마스크	우쓰기 미호	책읽는곰	고정관념, 편견
하나라도 백 개인 사과	이노우에 마사지	문학동네	상대적 관점
자라가 들려주는 토끼의 간 이야기	천미진, 조은애	키즈엠	상대적 관점
곰 때문이야!	에이미 다이크맨, 자카리아 오호라	함께자람	사과, 용서
사자가 작아졌어!	정성훈	비룡소	사과, 용서
One 일	캐드린 오토시	북뱅크	따돌림, 갈등 해결
감기 걸린 물고기	박정섭	사계절	소문, 따돌림

1 | 관점은 다양해

학습목표
- 관점에 따라 사물을 다르게 볼 수 있음을 체험한다.
- 입장에 따라 상황을 다르게 볼 수 있음을 이해한다.

사회성·감성 역량
- 사회적 인식, 대인관계 기술

수업활동
- 마음 열기: 관점
- 그림책 읽어주기:『늑대가 들려주는 아기 돼지 삼 형제 이야기』

마음 열기: 관점

준비물 | 투명한 유리컵 또는 유리병, 물감을 탄 물, 활동지(pp.252~253), 실물화상기

1 물이 반쯤 들어 있는 유리컵을 학생들에게 보여줍니다.

　　잘 보이도록 투명한 용기를 사용하고 물에 빨강, 파랑 등 물감을 탑니다.

2 "이 컵에 물이 반쯤 차 있나요, 아니면 컵이 반쯤 비어 있나요?"라고 질문하고, 동의하는 쪽에 손 들게 해서 각자의 생각을 표현하게 합니다.

3 〈그림 1〉을 실물화상기로 확대해 보여주면서 "무엇이 보이나요?"라고 질문하고 학생들의 대답을 들어봅니다.

4 〈그림 2〉를 보여주고, "어느 우주선이 가장 앞에 있나요?"라고 질문한 뒤, 학생들의 생각과 그 까
닭을 이야기 나눕니다.

바라보는 방향에 따라 1번 우주선이 가장 앞에 있다고 볼 수도 있고, 3번 우주선이 가장 앞에 있다고 볼 수도 있습니다.

활동지(p.253)

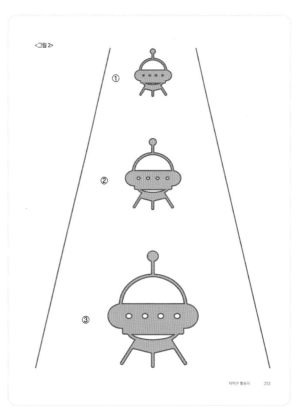

5 앞에서 나온 학생들의 생각을 반영하면서 '관점'의 의미를 설명합니다.

"우리가 무엇을 바라보고 생각하는 태도나 방향을 '관점'이라고 합니다. 관점은 어디서 보는지, 어떻게 바라보는지, 누구의 눈으로 바라보는지에 따라 달라집니다. 따라서 같은 것을 보아도 다르게 볼 수 있습니다."

그림책 읽어주기

준비물 | 『늑대가 들려주는 아기돼지 삼 형제 이야기』, 활동지(p.254)-학생 수만큼

책 소개

늑대가 들려주는 '아기돼지 삼 형제' 이야기입니다. 늑대는 할머니 생일 케이크를 만들려고 이웃인 돼지네 집에 설탕을 얻으러 갑니다. 마침 심한 감기에 걸린 늑대가 돼지네 집 앞에서 재채기를 하는 바람에 짚으로 만든 집, 나뭇가지로 만든 집은 차례로 무너지고 돼지 역시 목숨을 잃습니다. 벽돌로 지은 집에 사는 돼지는 늑대에게 욕설을 퍼부었고, 화가 난 늑대가 법석을 떨던 중에 경찰과 신문기자가 몰려옵니다. 감옥에 갇힌 늑대는 기자들의 왜곡 보도로 자기가 누명을 썼다고 항변합니다.

존 셰스카 · 레인 스미스 | 보림

1 활동지(p.254)를 나눠주고, '아기 돼지 삼 형제'의 '돼지'와 '늑대'에 대한 느낌이나 생각을 쓰게 합니다.

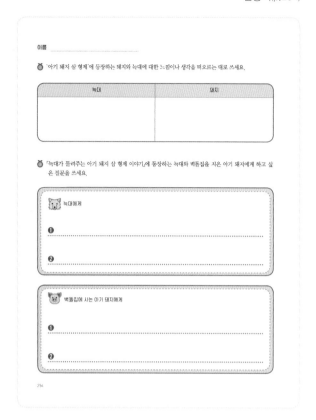

2 활동지에 적은 것을 발표시키고 왜 그렇게 생각하는지 들어봅니다.

3 그림책을 읽어줍니다.

4 이야기를 듣고 늑대에 대한 생각이 달라진 점이 있는지, 있다면 무엇인지 이야기 나눕니다.

5 다음 시간에 늑대와 아기 돼지를 인터뷰할 것이라고 예고하고, 그때 하고 싶은 질문을 활동지에 쓰게 합니다.

맺는말 | 다양한 입장

어떤 사건이나 사물을 바라보는 관점은 한 가지가 아니라 다양할 수 있습니다. 예컨대 친구와 다퉜을 때 내 관점과 친구의 관점이 다를 수 있습니다. 따라서 친구들 사이에 문제가 생겼을 때 우리는 양쪽의 이야기를 다 들어보는 것이 필요합니다.

2 | 틀린 건 아니야

학습목표
- 다양한 관점이 있음을 이해한다.
- 서로 다른 입장을 존중할 수 있다.

사회성·감성 역량
- 사회적 인식, 대인관계 기술, 책임 있는 의사결정

수업활동
- 마음 열기: 감사 명상
- 역할극: 등장인물 인터뷰

마음 열기: 감사 명상

준비물 | 명상음악 또는 조용한 음악

1 음악을 들려주고, 학생들이 제자리에 편한 자세로 앉아 눈을 감도록 합니다.

2 눈을 감은 채 명상으로 이어지도록 천천히 다음과 같은 말로 이끕니다.

안내 말

① 자기가 가장 좋아하는 사람을 떠올려보세요.
② 그 사람과 함께 갔던 곳이나 즐거웠던 일을 떠올려보세요.
③ 그 사람의 표정을 떠올려보세요.
④ 그때 내 기분은 어땠는지 느껴보세요.
⑤ 그 사람에게 감사의 마음을 전해보세요.

3 눈을 뜨게 한 다음, 이야기 나눕니다.

- 누구를 떠올렸나요?
- 좋아하는 사람과 즐거웠던 일을 떠올리니 기분이 바뀌었나요? 어떻게 바뀌었나요?

역할극: 등장인물 인터뷰

준비물 | 등장인물(늑대, 아기 돼지)이 적힌 목걸이,
토킹 피스 또는 마이크 대용, 활동지(p.254)

1 지난 시간에 읽어준 『늑대가 들려주는 아기 돼지 삼 형제 이야기』를 상기시킨 뒤, 예고한 대로 '인터뷰를 하겠다'고 말합니다. 늑대와 아기 돼지 각자의 입장을 이해하기 위한 활동이라고 그 의미를 설명합니다.

2 학생들이 지난 시간에 작성한 인터뷰 질문지를 준비하도록 합니다.   활동지(p.254)

3 자원하는 학생 중에서 배역을 정한 뒤, 등장인물 이름이 적힌 목걸이를 각각 걸어줍니다. 교실 앞쪽에 의자를 놓고, 한 인물이 의자에 앉으면 인터뷰를 한 다음 또 한 인물이 하는 식으로 진행합니다.

4 나머지 학생들은 기자가 되어, 활동지에 적은 내용을 참고해 질문합니다. 교사는 늑대와 아기 돼지 역을 하는 학생이 각각의 입장을 자유롭게 표현하도록 유도합니다.

  질문할 때는 토킹 피스 또는 마이크 대용을 들게 하고, 토킹 피스를 든 사람만 질문할 수 있음을 상기시킵니다.

5 시간이 되는 만큼 늑대와 아기 돼지 배역을 다시 정해 인터뷰를 합니다.

6 인터뷰를 통해 알게 된 점이나 느낀 점을 나눕니다.

맺는말 | 다른 거지 틀린 게 아니야

 서로 생각이 다르다고 해서 누구는 옳고 누구는 틀리다고 할 수는 없습니다. 사람마다 생각하거나 바라보는 입장이 달라서 그런 것입니다. 내 생각과 다르더라도 서로의 생각을 존중하고, 서로의 입장을 들어주는 것이 필요합니다.

3 | 소통이 필요해

학습목표	● 다양한 관점을 존중할 수 있다.
	● 소통이 필요한 이유를 이해한다.
사회성·감성 역량	● 사회적 인식, 대인관계 기술
수업활동	● 마음 열기: 비밀 상자
	● 그림책 읽어주기: 『일곱 마리 눈먼 생쥐』

마음 열기: 비밀 상자

준비물 | 비밀 상자 또는 주머니, 비밀 상자에 넣을 물건, 눈가리개

1 학생들 모르게 비밀 상자에 물건을 넣어둡니다.

학생들이 추측하기 어려운 물건을 넣는 것이 좋습니다.

2 한 사람씩 차례로 나와 눈가리개를 쓰고, 비밀 상자에 손을 넣어 물건을 만져보며 크기, 촉감, 모양 등을 느껴보게 합니다.

만져본 뒤 무엇이라고 짐작하는지 말하지 않도록 주의를 줍니다.

3 비밀 상자 속 물건을 모두 만져보고 나면, 저마다 짐작한 물건이 무엇인지 말해보게 합니다.

4 비밀 상자에 든 물건을 꺼내 보여주고, 이 활동에서 느낀 점을 이야기 나눕니다.

- 보지 않고 만지기만 할 때 기분이 어땠나요?
- 보지 않고 만지기만 할 때, 어떤 어려움이 있었나요?
- 친구들이 짐작한 것과 내 판단과는 어떤 차이가 있나요?

그림책 읽어주기

준비물 | 『일곱 마리 눈먼 생쥐』, 활동지(p.255)—학생 수만큼

책 소개

에드 영 | 시공주니어

앞이 보이지 않는 생쥐 일곱 마리가 연못가에서 아주 이상한 것을 발견합니다. 생쥐들은 하루에 한 마리씩 그것을 만져보고 와서는 서로 다르게 말합니다. 생쥐들은 각각 그것이 기둥, 뱀, 창, 낭떠러지, 부채, 밧줄이라고 서로 우깁니다. 마지막으로 하얀 생쥐가 연못가에 가서 그것을 이리저리 오랫동안 살피고 와서는, 그것이 다른 생쥐들이 말한 특징을 모두 가진 코끼리라고 알려줍니다.

1 그림책을 읽어준 다음, 활동지를 나눠줍니다. 생쥐들이 코끼리의 어느 부위를 무엇이라고 상상했는지 쓰게 합니다.

활동지(p.255)

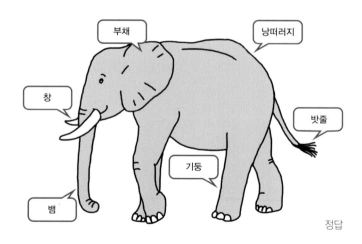

정답

2 『일곱 마리 눈먼 생쥐』 이야기를 듣고 느낀 점, 책 내용과 관계있는 학생들의 경험을 나눕니다. 활동지에 있는 글쓰기와 관련된 활동입니다.

> 발문 예시

> • 생쥐들이 코끼리를 만져보고 와서 한 말이 왜 모두 다를까요?
> • 다른 생쥐와 달리, 흰 생쥐는 어떻게 했나요?
> • 이 이야기를 듣고 무엇을 느꼈나요?
> • 내 생각과 다른 사람의 생각이 달라서 말다툼한 적이 있나요? 무슨 일로 다퉜고, 어떻게 해결했나요?

3 『일곱 마리 눈먼 생쥐』 이야기를 듣고 느낀 점을 활동지에 쓰게 합니다.

활동지(p.255)

맺는말 | 소통이 필요해

> 내 생각뿐 아니라 남의 생각도 존중하고 서로의 의견을 잘 받아들이면, 혼자서는 알 수 없는 것을 배울 수도 있고 새로운 것을 깨달을 수도 있습니다. 내 생각만 옳다고 주장하지 말고, 서로의 생각을 존중하고 소통하도록 노력하는 우리가 되어요.

4 | 갈등을 해결해요

| 학습목표 | ● 갈등의 의미를 이해한다. |
| | ● 원원전략과 나−전달법으로 갈등을 해결할 수 있다. |

사회성·감성 역량 ● 대인관계 기술, 책임 있는 의사결정

수업활동	● 마음 열기: 갈등의 경험 나누기
	● 표현 활동: 원원으로 갈등을 해결해요
	● 역할극: 나−전달법으로 대화해요

마음 열기: 갈등의 경험 나누기 ─────────────

준비물 | 타이머

1 학생들을 모둠별로 앉게 합니다.

2 칠판에 '갈등'이라고 쓰고 '갈등'이란 말을 들어본 적이 있는지, 어떤 의미라고 생각하는지 물어 봅니다.

3 학생들의 대답을 수렴하며 갈등의 의미를 설명합니다.

 "갈등이란 사람들 사이에 생각이나 원하는 것이 달라서 오해나 다툼이 생기는 것을 말합니다."

4 "여러분은 어떤 갈등을 경험해보았나요?"라고 질문하고, 모둠별로 저마다의 경험을 이야기 나 누게 합니다.
한 사람이 30초씩 공평하게 말하도록, 교사가 시간을 재며 지도합니다.

표현 활동: 원원으로 갈등을 해결해요

준비물 | 활동지(p.256), 표지판(1, 2, 3, 4를 각각 쓴 A4 용지), 테이프

1 교실 네 벽면에 표지판을 각각 붙이고, 학생들이 돌아다닐 수 있는 공간을 마련합니다.

2 학생들에게 "여러분이 경험했을 만한 몇 가지 상황에서 갈등을 해결하는 방법들을 배워볼 거예요"라고 말합니다.

3 〈상황 1〉 그림을 보여주고 어떤 상황인지 물어봅니다. 학생들 의견을 수렴해 상황을 정의합니다.

활동지(p.256)

〈상황 1〉

4 "여러분이 이 갈등 상황에 있다면 어떻게 하고 싶나요?"라고 질문한 뒤, 선택 사항을 3가지 제시합니다. 또 다른 방법이 있는지 물어보고 4번에 추가합니다.

없다면 교사가 한 가지를 더 제시합니다.

> 선택 예시
>
> ① 힘으로 겨뤄 이기는 사람이 인형을 가진다.
> ② 대화를 통해 '모두에게 좋은 방법'을 찾는다.
> ③ 부모님이나 다른 사람에게 도움을 요청한다.

5 저마다 선호하는 방법을 한 가지 골라, 그에 해당하는 번호 표지판이 있는 벽 쪽으로 이동하게 합니다.

갈등을 해결하는 방법으로 여러 가지를 생각할 수 있지만, 여기서는 가장 좋은 방법 한 가지만 고르게 합니다.

6 모든 학생이 이동을 마치면, 왜 그 방법을 선택했는지 의견을 들어봅니다.

7 위 예시의 4가지 경우마다 〈상황 1〉 그림 속 두 사람의 기분이 각각 어떨지 이야기 나눕니다.

8 대화를 통해 둘 모두에게 좋은 방법으로 〈상황 1〉을 해결해보자고 하고, 다음 질문을 차례로 합니다.

> 발문 예시

- 두 사람이 각각 원하는 것은 무엇인가요?
- 두 사람 모두 원하는 것을 할 수 있는 방법에는 무엇이 있을까요?

9 학생들의 의견을 칠판에 기록하고 모두에게 이로운 방법을 찾아보게 합니다.

예: 가위바위보로 순서를 정해 차례로 한 사람씩 인형을 갖고 논다.

역할극: 나-전달법으로 대화해요

준비물 | 클래퍼보드(영화 연출 시 사용하는 도구),
활동지(pp. 257~259), 활동지(p.260)-모둠 수만큼

1 4명씩 모둠을 이뤄 앉게 하고, 아래 그림 중 하나를 각 모둠에 나눠줍니다.

활동지(pp.257~259)

〈상황 2〉 〈상황 3〉 〈상황 4〉

2 그림이 나타내는 갈등을 추측해서 역할극으로 표현해볼 것이라고 안내하고, 배역을 정해 준비
   하게 합니다.

   물컵, 책상 등 소품을 역할극에 활용할 수 있다고 알려줍니다.

3 모둠별로 교실 앞쪽으로 나와 역할극을 합니다. 이때, 교사나 자원하는 학생이 클래퍼보드를 들
   고 나머지 학생들과 함께 "레디, 액션"을 외치면 역할극을 시작하고, 역할극을 마치면 "컷"을 외
   칩니다.

클래퍼보드

4 역할극으로 표현한 갈등 상황을 대화로 해결해보자고 제안하고, '나–전달법'으로 대화하는 방
   법을 〈상황 2〉 그림을 예로 들어 설명합니다.

> **'나–전달법' 예시**
>
> ① 감정 진정시키기(심호흡하며 화 가라앉히기)
>
> ② 내 기분 말하기
>   "네가 내 팔을 쳐서 물이 쏟아지는 바람에 그림이 엉망이 되어서 내가 너무 속상하고 마음이 아파."
>
> ③ 부탁하기
>   "다음엔 내가 그림 그릴 때 너무 가까이 붙지 않게 조심해줄래?"

5 역할극 대본(p.260)을 모둠별로 1장씩 나눠줍니다. 각 모둠에 해당하는 대본을 모둠원들이 함
   께 읽고, 갈등을 해결하는 역할극을 준비하게 합니다.

   앞의 역할극에 참가하지 않은 학생이 배역을 맡게 합니다.

6 모둠별로 역할극을 발표한 뒤, 소감을 나눕니다.

맺는말 | 대화로 갈등을 해결해요

다양한 사람이 함께 살아가다 보면 갈등이 생길 수밖에 없습니다. 친구들 사이에서 갈등이 생겼을 때 폭력이 아니라 대화로 해결하는 것이 중요합니다. 화가 나면 먼저 마음을 진정시킨 다음, 모두에게 이로운 '윈윈전략' 또는 '나-전달법' 중 어느 방법이 좋을지 생각해 보고, 가장 좋은 방법으로 해결해봅시다.

1 │ 관점은 달라요

학습목표	● 관점의 다양성을 이해한다.
	● 나와 다른 사람의 관점을 존중할 수 있다.

사회성·감성 역량	● 사회적 인식, 대인관계 기술

수업활동	● 그림책 읽어주기: 『반이나 차 있을까 반밖에 없을까?』
	● 표현 활동: 상대적 관점

그림책 읽어주기

준비물 │ 『반이나 차 있을까 반밖에 없을까?』

책 소개

이보나 흐미엘레프스카 │ 논장

이 책은 보는 사람의 관점과 경험, 장소 등에 따라 같은 것도 다르게 보일 수 있는 여러 상황과 사례를 단순 명료하게 제시하고 있습니다. 청년에게는 너무나 쉬운 계단 오르기도 다리가 불편한 사람에게는 힘든 일이고, 어떤 소리가 장소에 따라 크게 들릴 수도, 들리지 않을 수도 있습니다. 이렇듯 관점에 따라 모든 것이 상대적이라는 것을 이 책은 보여주고 있습니다.

1 책 표지를 보여주며 유리컵에 물이 어느 정도 있다고 생각하는지 물어보고, 이 그림책은 어떤 내용일지 추측해보게 합니다.

2 학생들이 그림에 집중할 수 있도록 큰 그림이 있는 면을 실물화상기로 확대해서 보여주고, 어떤 상황인지 물어보면서 그림책을 읽어줍니다.

3 그림책을 본 소감을 나눕니다.

> 발문 예시

- 이 책을 보며 무엇을 느꼈나요?
- 가장 와닿는 장면은 무엇인가요?
- 지금까지 생각하지 못했는데 이 책을 보고 새로 알게 된 것이 있나요?

표현 활동: 상대적 관점

준비물 | 활동지(p.289)-2명에 1장씩, 사인펜, 색연필

1 두 사람이 한 조를 이루게 하고 활동지를 나눠줍니다. 일상생활에서 상대적인(두 가지) 관점이 있을 수 있는 상황을 의논해서 정한 다음, 활동지에 그림과 글로 표현하게 합니다.

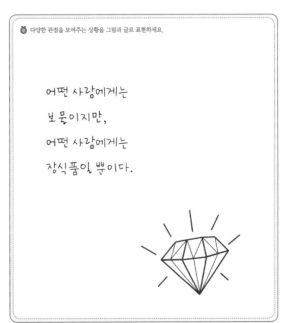

예시

고학년
5-1

2 조별로 발표시킵니다.

발표가 끝난 뒤, 학생들이 작성한 활동지를 모아 학급 그림책 '반이나 차 있을까, 반밖에 없을까?'를 만듭니다.

맺는말 | 나와 다른 관점 존중하기

사람마다 생각, 경험, 관심사, 처한 상황이 다르기 때문에 관점 또한 다릅니다. 같은 것을 봐도 서로 다르게 해석하고, 같은 것을 들어도 다르게 느낄 수 있습니다. 그래서 오해나 다툼이 생기기도 합니다. 상대방의 입장이 나와 다를 수 있음을 이해하고 존중한다면 많은 오해와 다툼을 예방할 수 있습니다.

2 | 대화가 필요해

학습목표	● 갈등의 의미를 이해한다.
	● '나–전달법'으로 마음을 표현할 수 있다.
사회성·감성 역량	● 자기 관리, 대인관계 기술
수업활동	● 생각그물: 갈등이란
	● 그림책 읽어주기: 『여섯 마리 까마귀』
	● 표현 활동: '나–전달법'으로 대화하기

생각그물: 갈등이란

1 칠판에 '갈등'이라고 쓰고, '갈등' 하면 떠오르는 느낌이나 단어를 말해보게 합니다.

   생각그물(마인드맵)을 활용해도 좋습니다. 학생들이 말하는 것을 칠판에 기록합니다.

   예시

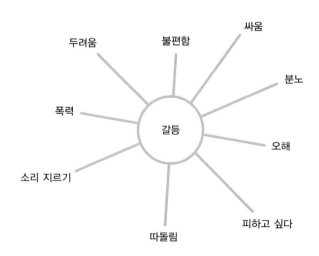

2 학생들의 의견을 수렴하며 갈등의 의미를 설명합니다.

"갈등이란 사람들 사이에 원하는 것이나 생각이 달라서 서로 팽팽히 대립하는 상태를 뜻해요."

3 학생들이 직접 겪거나 주위에서 보고 들은 갈등에 대해 이야기 나눕니다.

그림책 읽어주기

준비물 | 『여섯 마리 까마귀』, 활동지(p.290)-학생 수만큼

책 소개

**여섯 마리
까마귀**

레오 리오니 | 마루벌

밀이 황금빛으로 무르익자 까마귀들이 밀을 쪼아 먹습니다. 농부가 무섭게 생긴 허수아비를 밀밭에 세우자, 까마귀들은 더 크고 사나운 새 모양의 연을 만들어 날립니다. 농부는 더 크고 무서운 허수아비를 세우고 까마귀들 역시 가만있지 않습니다. 기겁한 농부가 두문불출하자 밀은 보살핌을 못 받고 점점 시듭니다. 내내 싸움을 지켜본 부엉이가 농부와 까마귀에게 대화를 권합니다. 처음에 자기주장만 하던 농부와 까마귀들은 대화를 할수록 상대방 이야기를 듣게 되고 마침내 화해합니다.

1 이 책에는 어떤 갈등이 있는지 집중하며 들어보자고 한 다음, 그림책을 읽어줍니다.

2 활동지(p.290)를 나눠주고, 그중 첫째와 둘째 문항에 저마다의 생각을 쓰게 합니다.

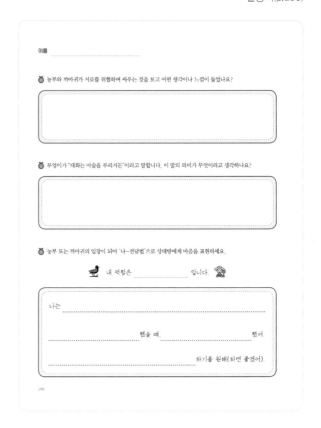

3 학생들의 생각을 공유합니다. 자원하는 학생이 발표하면 그와 같은 생각을 한 학생들이 손을 들어 공감을 표시하고, 다르게 생각한 학생이 발표하는 식으로 진행합니다.

표현 활동: '나–전달법'으로 대화하기

준비물 | 지난 시간에 작성한 활동지(p.290)

1 『여섯 마리 까마귀』에 나오는 농부와 까마귀는 갈등을 해결하기 위해 어떤 말을 주고받았을까요?"라고 질문하고, 학생들의 대답을 들어봅니다.

2 '나–전달법'을 소개하고 방법을 배워보자고 제안합니다.

 "화가 나거나 갈등이 생겼을 때 곧바로 말하면 상대방을 비난하거나 불평하는 말이 나오기 쉽습니다. 그러면 상대방도 덩달아 화를 내기 마련이죠. 먼저 감정을 가라앉힌 다음, 상대방이 내 마음을 알도록 표현하는 것이 좋습니다. 이때 효과적인 방법이 '나 – 선달법'이에요."

나-전달법

'나'가 주어가 되는 문장으로 대화하는 방법입니다. 첫째, 내 감정이 일어난 원인이 된 상황을 설명하고 둘째, 내 감정을 말하고 셋째, 나의 바람을 부탁하는 어조로 말합니다.

상황 묘사 → 나의 감정 → 나의 바람

3 나-전달법 문장을 예시하고 상황 묘사, 나의 감정, 나의 바람에 해당하는 문구를 말해보게 합니다. 필요하다면 몇 문장을 더 예시해서 학생들이 충분히 이해하도록 돕습니다.

예시

"나는 네가 말을 안 하고 내 지우개를 가져갈 때(상황 묘사) 화가 났어(나의 감정). 다음에는 먼저 물어보고 지우개를 빌려가면 좋겠어(나의 바람)."

4 두 사람이 한 조를 이룬 다음, 『여섯 마리 까마귀』에 나오는 '농부'와 '까마귀' 역할을 정하게 합니다.

5 농부 역을 맡은 학생은 까마귀에게, 까마귀 역을 맡은 학생은 농부에게 하고 싶은 말을 나-전달법으로 표현해 지난 시간에 작성한 활동지(p.290)의 셋째 문항에 쓰게 합니다.

6 나-전달법으로 표현한 내용을 발표시킵니다.

학생들이 작성한 '나-전달법' 대사(활동지)로 다음 시간에 역할극을 하겠다고 예고합니다.

맺는말 | 대화로 갈등을 해결해요

다양한 사람이 함께 살아가는 사회에서는 갈등이 생길 수밖에 없습니다. 그럴 때 상대방을 비난하고 불평하는 것은 갈등을 더 키울 뿐입니다. 서로의 입장과 마음을 솔직하게 이야기하고 진심으로 경청하는 것이야말로 갈등을 해결하는 데 반드시 필요한 과정입니다.

3 | 너도 나도 윈윈

학습목표	● '나-전달법'과 '윈윈전략'을 이해한다.
	● '윈윈전략'을 활용해 갈등을 해결할 수 있다.

사회성·감성 역량	● 대인관계 기술, 책임 있는 의사결정

수업활동	● 역할극: '나-전달법'으로 말해요
	● 모둠 활동: '윈윈'으로 갈등 해결

역할극: '나-전달법'으로 말해요

준비물 | 클래퍼보드, '까마귀'와 '농부'가 각각 적힌 푯말 목걸이,
지난 시간에 작성한 활동지(p.290)

1 지난 시간에 작성한 나-전달법 대사(p.290)를 준비하도록 합니다.

2 한 조씩 교실 앞쪽으로 나와 역할극을 해보게 합니다.

맡은 역에 해당하는 푯말 목걸이를 걸어줍니다. 활동지에 있는 나-전달법 대사를 주고받은 다음에는 즉석에서 대화를 더 이어가도 좋다고 알려줍니다.

> **교사를 위한 TIP**
>
> 학생들의 적극적인 참여와 흥미를 유도하기 위해 감독과 관객 역도 정합니다. 감독 역을 맡은 학생이 "레디, 액션"을 외치고 클래퍼보드로 딱 소리를 내면 역할극을 시작하고, 역할극이 끝나면 "컷"을 외칩니다. 나머지 학생들은 모두 관객 역을 한다는 점을 강조합니다. 사람들 앞에서 말하거나 연기하는 것을 힘들어하는 학생의 경우, 감독 역을 맡으면 부담 없이 참여할 수 있을 것입니다.

모둠 활동: '윈윈'으로 갈등 해결

1 모둠별로 앉게 한 다음, '윈윈전략'을 소개합니다.

"나-전달법으로 대화가 잘되어도 여전히 해결할 문제가 있을 경우, 서로에게 만족스러운 방안을 찾아봐야 합니다. 이처럼 양쪽 모두에게 이로운 방향으로 문제를 해결하는 것을 '윈윈(win-win) 전략'이라고 해요."

2 윈윈전략을 활용해 까마귀와 농부의 갈등을 해결해보자고 제안하고, 활동지(p.291)를 모둠별로 1장씩 나눠주고 모둠 토의 순서를 알려줍니다.

> 토의순서

① 농부와 까마귀가 바라는 것이 각각 무엇인지 이야기 나누고 활동지에 정리해 쓴다.
② 농부와 까마귀 모두에게 이로운 방안을 의논해서 활동지에 쓴다.

활동지(p.291)

이름 _____

🏅 농부와 까마귀가 원하는 것이 각각 무엇인지 모두 쓰세요.

농부	까마귀

🏅 농부와 까마귀가 서로 '윈윈'하는 방법에는 무엇이 있을까요?

고학년 활동지 291

3 활동지를 모두 작성하면 모둠별로 발표시킵니다.

4 활동하면서 알게 된 점이나 느낀 점을 나눕니다.

맺는말 | 갈등 해결법

갈등이 생겼을 때 폭력적인 방법이 아니라 대화와 토론 등 평화로운 방법으로 문제를 해결할 수 있어야 합니다. 화가 나면 먼저 감정을 가라앉힌 뒤, 나-전달법과 윈윈전략으로 갈등을 해결하려고 노력합시다.

4 | 사과하는 용기

학습목표
- ● 진심이 전달되는 사과의 방법을 이해한다.
- ● 자신의 잘못을 인정하고 사과할 수 있다.

사회성·감성 역량
- ● 대인관계 기술, 책임 있는 의사결정

수업활동
- ● 마음 열기: 사과받은 경험
- ● 토의 활동: 사과의 기술

마음 열기: 사과받은 경험

준비물 | 자르지 않은 사과 1개, 사과 조각-학생 수만큼

1 학생들에게 "자기의 잘못을 인정하고 용서를 구하는 행동을 무엇이라고 하나요?"라고 질문합니다.

2 학생들이 '사과'라고 답하면, 사과 한 개를 꺼내 들고 교사 자신이 사과를 했거나 받은 경험과 그때 기분을 이야기합니다.

3 교사의 경험을 나눈 뒤, 미리 준비해둔 사과를 학생들에게 1조각씩 나눠주며, 사과를 먹으면서 자신이 사과받은 경험을 떠올려보게 합니다.

4 "여러분에게 누군가 자기 잘못을 인정하고 사과한 적이 있나요? 그때, 사과를 먹은 지금처럼 기분이 좋았나요, 아니면 사과받았는데도 기분이 좋지 않았나요?"라고 물어보고 각자의 경험을 간단히 나눕니다.

5 "오늘은 여러분의 경험을 바탕으로 기분이 좋아지는 사과를 받는 방법을 찾아보겠습니다"라고 다음 활동을 안내합니다.

토의 활동: 사과의 기술

준비물 | 활동지(pp.292~293)-학생 수만큼

1 모둠으로 모여 앉게 한 다음, 활동지(p.292)를 나눠줍니다.

2 저마다의 경험(어떤 상황에서 누구한테 사과를 받았는지)을 떠올려 활동지 첫째 문항의 첫 칸에 쓰게 합니다.

교사가 먼저 자기 경험을 예로 들어, 학생들이 할 수 있도록 이끕니다.

활동지(p.292)

예시	사과를 받은 경험 🍎
나	내가 엄마한테 혼나서 울고 있을 때, 엄마가 미안하다고 하시면서 안아주셨다.
친구 이름 _____	

3 기록한 내용을 모둠원끼리 돌아가며 발표하게 합니다.

4 모둠원들의 경험을 듣고 난 뒤, 그중 '사과받을 때 가장 기분이 좋았을 친구'의 경험을 '친구' 칸에 적게 합니다.

> 경험을 나눈 뒤, 모둠원들이 "하나, 둘, 셋"을 외치고 가장 기분 좋은 사과를 받은 학생을 동시에 지목해서 가장 많이 지목받은 친구의 경험으로 정합니다.

5 모둠별로 진심 어린 사과의 내용을 토의한 뒤 활동지 둘째 문항에 각자 기록하게 합니다.

 "미안하다는 말만으로는 진심이 잘 전달되지 않을 때가 많습니다. 진심 어린 사과의 마음을 전달하려면 어떤 내용을 사과에 담아야 할까요? 친구의 경험을 바탕으로 모둠에서 토의하며 찾아봅니다."

6 모둠별로 발표시킨 뒤, 진심이 전달되는 사과에 필요한 내용과 단계를 다음과 같이 설명해줍니다.

〈사과의 단계〉

1. 책임(잘못) 인정하기
(예: ~한 것은 내 잘못이야. 미안해.)

⬇

2. 변화를 위한 약속 하기
(예: 앞으로 ~하도록 노력할게.)

⬇

3. 용서 구하기
(예: 용서해줄래?)

7 "사과의 단계를 생각하며 『여섯 마리 까마귀』에 등장하는 농부와 까마귀 입장이 되어 진정한 사과를 하는 연습을 해볼까요?"라고 말한 뒤, 사과하는 문장을 학생들과 함께 만들며 칠판에 씁니다.

[예시]

- 농부가 까마귀에게
  "너희가 배고파서 밀을 쪼아 먹었는데, 내 욕심만 부린 것 인정해. 다음부터 너무 욕심부리지 않고, 너희에게도 밀을 나눠줄게. 용서해줄래?"

- 까마귀가 농부에게

    "농부 아저씨가 열심히 가꾼 밀을 허락도 없이 쪼아 먹어서 죄송해요. 다음부터 농부 아저씨의 허락 없이는 아저씨네 밀을 쪼아 먹지 않을게요. 용서해주세요."

8 활동지(p.293)를 나눠주고, 사과하고 싶은 사람에게 사과 편지를 쓸 시간을 줍니다.

 "그동안 사과하고 싶었으나 사과하지 못한 사람을 떠올려보세요. 오늘은 그 사람에게 진정한 사과를 해봅시다. 뭐라고 말하면 좋을지, 먼저 여러분이 찾은 사과의 방법에 맞게 글로 써봅시다."

활동지(p.293)

맺는말 | 용기 내어 사과하기

 사과받을 사람의 감정을 헤아려 진정한 태도로 사과한다면 사과받는 사람뿐 아니라 사과하는 당사자도 기분이 좋아집니다. 여러분의 진정한 사과를 들은 상대방은 맛있는 사과를 먹은 것처럼 기분이 아주 좋아질 것입니다. 용기를 내어 진정한 사과를 전해보세요.

06 | 나눔 이야기

들어가며

나눔의 형태

우리나라 엄마들은 아이들이 필요한 것을 주기보다는 엄마 자신이 아이에게 필요하다고 생각하는 것을 주는 경우가 많습니다. 이것이 주기만 하는 나눔의 문제점입니다. 자칫하면 상대가 원하지 않는 것을 줄 수가 있습니다.

나눔은 관계 맺음이 우선입니다. 특히 서로 주고받는 호혜를 할 때는 더더욱 관계 맺음이 우선되어야 합니다. 서로 잘 모르면 부탁하기가 어렵습니다. 설령 부탁을 하더라도 진짜 원하는 것까지 부탁하지 못하고 실례되지 않는 범위 내에서 부탁하게 됩니다.

내가 나누면서 내 욕구에 따르는 것은 시혜나 간섭이 될 수 있습니다. 내가 나누면서 상대방의 욕구에 따르는 것은 시중이고 내가 나누면서 우리의 욕구에 따르는 것은 호혜라고 할 수 있습니다.

반대로 상대방이 나누면서 내 욕구에 따르는 것은 시중이고, 상대방의 욕구에 따르는 것은 시혜나 간섭이 될 수 있으며, 우리의 욕구에 따르는 것은 호혜가 됩니다. 이 가운데에서 시혜나 시중보다는 호혜를 할 수 있도록 서로의 욕구를 잘 파악할 수 있어야 합니다.

−전성실, 『살아있는 것도 나눔이다』(착한책가게, 2017)

성찰을 위한 질문

- 선생님이 학생들에게 주는 나눔 중에서 서로의 욕구를 충족하는 '호혜'의 행동에는 무엇이 있나요?
- 선생님이 받은 나눔 중에서 '시혜'나 '간섭'으로 생각되는 것은 무엇인가요?
- 선생님이 학생들에게 사랑을 표현하는 방식은 무엇인가요?

나눔 이야기

우리는 자신이 행복해지기 위해서도 나눠야 합니다. 인간은 관계를 맺으며 살아가는 사회적 동물입니다. 내가 가진 것을 남과 나눌 때 관계가 형성되며 친해질 수 있습니다. 나눔을 통해 누군가에게 도움이 될 때 기쁨을 느낄 뿐 아니라 자신감도 커집니다. 이는 스스로에게 주는 내적 보상입니다. 이러한 내적 보상은 다시 나눔에 대한 동기부여가 될 뿐 아니라 자신에 대한 긍정적 이미지를 형성하고 자존감을 향상하는 효과도 가져옵니다.

우리가 나눌 수 있는 것에는 물질뿐 아니라 시간, 감정, 공간, 따뜻한 말, 경험, 재능 등 무형의 것도 있습니다. 오히려 물질보다 함께하는 시간, 따뜻한 말을 나누는 것이 친밀한 관계를 형성하는 데 더 가치 있고 유익할 수 있습니다. 그런데 이렇게 유익한 나눔이 때로는 상대방에게 불편을 주거나 상처가 되는 경우도 있습니다. 어떻게 나누는 것이 좋은 나눔일까요? 나눔에서 가장 중요한 것은 서로의 욕구를 파악하는 것입니다.

『살아있는 것도 나눔이다』에서 저자는 상대방이 원하는 대로 따르는 일은 '시중'이고, 주는 이가 원하는 것을 나누는 것은 '시혜'이며, 주는 사람과 받는 사람 서로의 욕구에 따르는 것은 '호혜(기여)'라고 말합니다. 나눔이 시혜나 시중보다 호혜가 되려면 서로의 욕구를 잘 파악해야 합니다. 따라서 진정한 나눔은 자기 자신과 상대방에 대한 관심에서 시작합니다. 하지만 서로 원한다 할지라도 사회적 가치에 어긋나는 것(예: 불법 동영상)을 나눈다면 진정한 의미의 나눔이라고 할 수 없습니다.

또 나눔은 어떤 상대에게 기여하는 것뿐 아니라, 내 주변 또는 지구환경을 돌보고 가꾸는 일로 확장될 수 있습니다. 내 주변과 지구환경을 돌보는 일은 공동체와 지구를 위하는 나눔이며, 공동체의 일원이자 지구촌의 시민으로서 마땅히 져야 할 책임을 다하는 일이기도 합니다.

5가지 사랑의 언어

게리 채프먼(Gary Chapman)은 『5가지 사랑의 언어』(생명의 말씀사, 2010)에서 사람마다 사랑받는다고 느끼거나 사랑을 표현하는 언어가 다르며, 저마다 선호하는 사랑의 언어에는 인정하는 말, 함께하는 시간, 선물, 봉사, 스킨십 등 5가지가 있다고 합니다. 저자는 상대에게 관심과 사랑을 표현할 때는 나의 사랑의 언어가 아니라 상대방의 사랑의 언어로 표현해야 한다고 강조합니다. 친밀한 사람들과 나눔을 할 때, 상대방의 '사랑의 언어'가 무엇인지를 알면 호혜적인 나눔을 하는 데 도움이 됩니다. 5가지 사랑의 언어와 선호 언어별 특징은 다음과 같습니다.

1) 인정하는 말
인정하는 말이 사랑의 언어인 사람들은 칭찬이나 감사의 표현, 자신을 인정하고 높이는 말에서 행복을 느끼고 힘을 얻습니다. 이들은 사람의 감정을 말로 전달하고 싶어 하며 온화한 말투를 좋아하고, 명령하는 말투를 매우 싫어합니다.

2) 함께하는 시간

함께하는 시간이 사랑의 언어인 사람들은 누군가 자신에게 온전히 관심을 집중할 때 사랑을 느낍니다. 단순히 상대방과 함께 있는 것을 좋아하는 것이 아니라, 함께하는 활동 속에서 상대방이 온전히 나에게 집중하고, 관심을 기울여주기를 원합니다.

3) 선물

선물이 사랑의 언어인 사람들은 아주 작은 것이라도 선물이 사랑을 표현하는 수단이라 생각합니다. 이들은 상징적 의미를 지닌 물건을 통해 사랑을 확인하며, 상대방이 준 선물을 특별하게 기억하고 간직합니다.

4) 봉사

봉사를 사랑의 언어로 가진 사람들은 상대방이 자신을 도와주거나 무언가를 해줄 때, 그 속에서 사랑과 행복을 느낍니다. 따라서 상대방이 나를 위해 계획을 세우고 시간을 내서 나를 위한 봉사(무거운 물건 대신 들어주기, 청소 등)를 해주기를 원합니다.

5) 스킨십

스킨십이 사랑의 언어인 사람들은 상대방과의 신체 접촉에서 행복을 느낍니다. 힘들 때 누군가 손을 잡아주거나 어깨를 한번 두드려주는 것만으로도 아주 큰 힘을 얻습니다.

선생님의 사랑의 언어는 무엇인가요? 또 선생님이 만나는 학생들은 어떤 사랑의 언어를 가지고 있을까요? 학생 저마다의 사랑의 언어를 이해한다면 학생들 마음에 더 쉽게 다가가고 좀 더 효율적으로 소통할 수 있을 것입니다. '5가지 사랑의 언어' 검사지*를 활용해 학생들이 자신의 사랑의 언어를 찾도록 해주세요. 또래 친구끼리도 서로의 사랑의 언어를 이해하면 소통의 과정에서 오해의 소지를 줄이고 갈등을 예방하며 우정을 나누는 데 도움이 될 것입니다.

* 게리 채프먼(Gary Chapman), 『행복한 교실을 만드는 5가지 사랑의 언어』(생명의 말씀사, 2015)

5가지 사랑의 언어(학생용 검사지)

이름 ....

나는 상대방이 어떤 말이나 행동을 할 때 그 사람이 나를 사랑한다고 느끼나요? 해당되는 말이나 행동을 찾은 다음, 같은 줄의 X표에 동그라미 치세요.

	인정하는 말	함께하는 시간	봉사	선물	스킨십
안아주기					X
넌 참 훌륭해.	X				
너 주려고 이거 샀어.				X	
네 일을 내가 대신 했어.			X		
방과 후에 같이 놀래?		X			
너 주려고 이거 만들었어.				X	
너 오늘 대단했어.	X				
하이 파이브					X
내가 너의 방을 청소해줄게.			X		
영화 보러 가자.		X			
등 쓰다듬어 주기					X
내가 도와줄게.			X		
생일 선물을 준비했어.				X	
그거 정말 멋지다.	X				
우리 집에 갈래?		X			
잘했어.	X				
네가 이거 모으는 거 알고 내가 하나 샀어.				X	
쉬는 시간에 함께 놀자.		X			
내가 네 짐을 들어줄게.			X		
주먹 부딪히기					X
동그라미 친 X 총계*	( )	( )	( )	( )	( )

* 각 칸에 표시한 동그라미 개수를 세어 기록합니다. 5가지 중 가장 점수가 높은 것이 자신의 사랑의 언어입니다.

단원 소개

단원 목표 및 주요 활동

나눔은 물질적인 것을 나누는 것만을 의미하지 않습니다. 마음과 시간을 누군가와 나누는 것 또한 나눔입니다. 나눔이란 멀리 있지 않으며 가진 것이 많지 않아도 할 수 있는 것입니다. 공동체 또는 지역사회에 도움이 되는 작은 나눔의 실천이 모여 더 나은 세상을 만들어갈 수 있음을 깨닫게 하는 것이 이 단원의 목표입니다.

이 단원에서 학생들은 자신이 할 수 있는 나눔을 탐색하고 실천해봅니다. 다른 사람을 배려하고 내 시간과 재능을 나누며 누군가에게 도움이 되는 말과 행동을 할 때 더 행복해진다는 것을 체험할 수 있을 것입니다.

단원 구성 및 내용

학년	소단원	내용
저학년	1 | 가까이 있는 나눔 2 | 내가 할 수 있는 나눔 3 | 풍성한 나눔 4 | 나누는 기쁨	• 나눔의 의미 알기 • 나눔의 기쁨 체험하기 • 내가 할 수 있는 나눔 탐색하기 • 행복을 주는 말과 행동 나누기 • 다양한 나눔의 방법 찾기 • 더 나은 세상 만들기
고학년	1 | 행복한 나눔 2 | 행복 양동이를 채워요 3 | 더 아름다운 세상 4 | 나눔을 실천해요	

이 단원에서 활용한 그림책

학년	제목	글, 그림	출판사
저학년	파이는 나눔을 위한 거야	스테파니 레드야드, 제이슨 친	보물창고
	돌멩이 수프	마샤 브라운	시공주니어
고학년	날마다 행복해지는 이야기	캐럴 매클라우드, 데이비드 메싱	열린어린이
	미스 럼피우스	바버라 쿠니	시공주니어

학교와 가정에서 함께 읽으면 좋은 그림책

제목	글, 그림	출판사	주제 · 키워드
우리가 할 수 있는 것	레이프 크리스티안손, 딕 스텐베리	고래이야기	나눔, 행복
붉은 여우 아저씨	송정화, 민사욱	시공주니어	나눔, 관계, 행복
무지개 물고기	마르쿠스 피스터	시공주니어	나눔, 우정, 행복
먹어도 먹어도 줄지 않는 죽	최숙희	책읽는곰	나눔, 행복
아낌없이 주는 나무	셸 실버스타인	시공주니어	나눔, 희생, 행복
세 강도	토미 웅게러	시공주니어	나눔, 관계, 행복
텅 빈 냉장고	가에탕 도레뮈스	한솔수북	나눔, 공동체, 행복
약속	니콜라 데이비스, 로라 칼린	사계절	환경보호, 책임
우리가 함께 쓰는 물, 흙, 공기	몰리 뱅	도토리나무	환경보호, 책임
플라스틱 섬	이명애	상출판사	환경보호, 책임

1 | 가까이 있는 나눔

| 학습목표 | ● 나눔의 의미를 이해한다. |
| | ● 일상에서 할 수 있는 다양한 나눔을 탐색한다. |

사회성·감성 역량 ● 대인관계 기술

수업활동
● 그림책 읽어주기: 『파이는 나눔을 위한 거야』
● 짝 활동: 내가 할 수 있는 나눔

그림책 읽어주기

준비물 │ 『파이는 나눔을 위한 거야』

책 소개

스테파니 레드야드 · 제이슨 친 │
보물창고

이 책은 나눔이란 어려운 것이 아니라 우리 주위에서 쉽게 할 수 있는 것임을 알려줍니다. 우리가 먹는 파이, 가지고 노는 공, 책, 나무, 음악, 시간, 따스한 햇볕… 모두 나눔을 위해 있다고 말합니다. 우리가 일상에서 나눌 수 있는 것들을 찾아보면서 나눔의 의미를 다시 생각해보게 하는 책입니다.

1 책 표지를 보여주고 어떤 내용일지 추측해보게 합니다.

2 그림책을 읽어준 다음, 생각을 나눕니다.

> 발문 예시

> - 이야기를 들고 새롭게 알게 된 것이 있나요?
> - 누군가와 시간을 나눈다는 것은 어떤 의미인가요?
> - 여러분이 누군가와 즐겨 나누는 것에는 무엇이 있나요?
> - 누군가와 나누는 것이 곤란하거나 싫을 때는 언제였나요?

짝 활동: 내가 할 수 있는 나눔

준비물 | 활동지(p.261)-2명에 1장씩, 사인펜, 색연필

1 둘씩 짝지어 앉게 한 뒤, 활동지를 나눠줍니다.

활동지(p.261)

2 자신이 남과 나눌 수 있는 것들을 짝과 의논하며 활동지에 적게 합니다.

『파이는 나눔을 위한 거야』에 나오지 않는 재능, 칭찬의 말 등 예를 들어주어 나눔의 의미를 확장해서 생각하도록 이끕니다.

3 짝과 함께 적은 내용을 발표시킵니다.

어떻게 나눌 수 있는지도 설명할 수 있게 이끕니다.

맺는말 | 가까이 있는 나눔

돈이나 음식과 같이 눈에 보이는 것 말고도 우리가 나눌 수 있는 것은 아주 많습니다. 내가 가진 것을 누군가와 나누려는 따뜻한 마음이 있다면, 나눔은 내 곁에 늘 가까이 있습니다.

2 | 내가 할 수 있는 나눔

학습목표	● 마음은 나눌수록 커짐을 이해한다.
	● 친구에게 친절한 말과 행동을 할 수 있다.
사회성·감성 역량	● 대인관계 기술, 책임 있는 의사결정
수업활동	● 마음 열기: 나눌수록 늘어나는 것
	● 표현 활동: 나눔 학급 그림책 만들기
	● 실천 활동: 비밀 천사

마음 열기: 나눌수록 늘어나는 것

준비물 | 유리잔 2개, 물이 든 병, 초 3개, 성냥 또는 라이터

1 유리잔 2개와 물이 담긴 병을 탁자에 올려놓고, 병에 물이 얼마큼 들어 있는지 학생들이 살펴보게 합니다.

물이 잘 보이도록 물감을 섞어도 좋습니다.

2 병에 든 물을 유리잔 2개에 천천히 나눠 부은 뒤, 병에 있던 물의 양이 어떻게 되었는지 물어봅니다.

3 "물과 같이 나누면 줄어드는 것이 있는가 하면, 나눌수록 늘어나는 것이 있어요. 어떤 것이 있을까요?"라고 질문해 의견을 나눕니다.

4 초 1개에 불을 붙이고 "이 촛불을 초 2개에 나눠주면 촛불이 어떻게 될까요?"라고 질문한 다음, 초 2개에 천천히 불을 옮겨 붙입니다.

5 "1개의 초에 있던 불을 3개 초에 나누어 붙였을 때, 어떻게 되었나요?"라고 질문해 학생들의 대답을 들은 다음, "우리의 마음, 특히 따뜻한 마음이나 사랑은 이 촛불처럼 나눌수록 더 늘어납니다"라고 정리해줍니다.

표현 활동: 나눔 학급 그림책 만들기

준비물 | 도화지–학생 수만큼, 색연필 또는 그리기 도구

1 『파이는 나눔을 위한 거야』를 보여주며 지난 시간에 했던 '내가 할 수 있는 나눔' 활동을 상기시킵니다.

2 도화지를 나눠주고, 자신이 할 수 있는 나눔 중에서 한 가지를 정해 도화지에 그리게 합니다.

그리기에 앞서, 저마다 정한 것을 발표하게 해서 같은 것을 정한 학생들은 함께 그리거나 선택을 바꿔 중복되지 않도록 조정합니다.

3 각자 그린 그림을 친구들에게 보여주며 설명하게 합니다.

교사를 위한 TIP

이 활동을 국어시간이나 미술시간과 연계하면 좋습니다. 학생들이 그린 그림을 모아 배열 순서, 책 제목, 책 표지 그림 등을 정하고 그림에 어울리는 문장을 『파이는 나눔을 위한 거야』와 같이 써서 그림책을 만듭니다. 학교 도서관에 전시하거나 다른 학급에서 읽어주는 것도 좋은 나눔 활동이 될 것입니다.

실천 활동: 비밀 천사

1 "상대방이 모르게 친절한 말과 행동을 일정 기간 실천해보자"라고 제안하고, '비밀 천사'(일명 '마니토') 활동에 대해 설명합니다.

> **활동 방법**
>
> - 제비뽑기로 뽑은 친구의 비밀 천사가 되어 1주일(또는 2주일) 동안 친절한 말과 행동을 최대한 많이 한다. 각각 2회 이상 해야 한다.
>   - 친절한 말: 인사, 칭찬, 감사, 위로 등
>   - 친절한 행동: 돕기, 모르는 것 가르쳐주기 등
> - 자신이 누구의 비밀 천사인지, 자신의 비밀 천사가 누구라고 짐작하는지 1주일(또는 2주일) 뒤에 공개할 때까지 아무에게도 말하지 않는다.

2 바구니에서 쪽지를 하나씩 뽑게 합니다.

쪽지는 뽑은 사람만 보고 비밀에 부쳐야 합니다. 자기 이름이 나오면 다시 뽑습니다.

3 이 활동의 초점은 상대가 모르게 친절한 말과 행동을 하는 것임을 강조하고, 비밀 천사를 공개하는 날짜를 정합니다.

맺는말 | 나눔의 태도

무언가를 다른 사람과 나눈다고 해서 내 몫이 꼭 줄어드는 것이 아닙니다. 주는 사람과 받는 사람 모두 기쁨이 2배로 늘어날 수 있습니다. 상대방에게 필요한 것이 무엇인지 살피고, 그 사람이 필요로 하고 내가 줄 수 있는 것을 나눈다면, 나와 상대방 모두 더 큰 기쁨을 느낄 수 있습니다.

3 | 풍성한 나눔

학습목표
- 함께하는 기쁨을 체험한다.
- 나눔의 힘과 유익을 이해한다.

사회성·감성 역량
- 대인관계 기술, 책임 있는 의사결정

수업활동
- 공동체 놀이: 이웃을 사랑하십니까?
- 그림책 읽어주기: 『돌멩이 수프』
- 돌멩이 수프 메뉴 정하기

공동체 놀이: 이웃을 사랑하십니까?

1 책상을 한쪽으로 몰아 공간을 마련합니다. 동글게 원을 이뤄 각자 의자에 앉게 하되, 의자를 사람 수보다 하나 모자라게 놓습니다.

2 '당신은 이웃을 사랑하십니까?' 게임 방법을 설명하고 주의 사항을 알려줍니다.
   이웃 사랑을 생각해보는 게임이므로, 게임 중에 자리를 차지하려고 밀치거나 하는 행동으로 기분이 상하는 사람이 생길 경우, 게임은 중단됨을 알려줍니다.

활동 방법

① 술래는 원의 가운데에 선다. 의자에 앉은 학생들이 술래에게 "당신은 이웃을 사랑하십니까?"라고 묻는다.

② 술래가 "네"라고 대답하면, 의자에 앉은 학생들이 술래에게 다시 "어떤 이웃을 사랑하십니까?"라고 묻는다.

③ 술래는 "~한 이웃을 사랑합니다(예: 안경을 쓴 이웃을 사랑합니다)"라고 외친다.

④ 술래가 말한 조건에 해당하는 학생은 모두 자리에서 일어나 다른 자리로 이동하고, 술래도 이때 자리를 찾아 앉는다.

⑤ 자리를 찾지 못한 사람이 술래가 되어 게임을 이어간다.

그림책 읽어주기

준비물 | 『돌멩이 수프』

책 소개

마샤 브라운 | 시공주니어

전쟁터에서 집으로 돌아가던 군인 3명이 있습니다. 어느 마을에 이르러 한 끼를 얻어먹고 쉬어 가려는데, 마을 사람들은 먹을 것을 모조리 숨겨놓고 내주지 않습니다. 군인들은 마을 사람들이 가진 것을 선뜻 내놓을 꾀를 냈으니, 바로 돌멩이 수프 만들기입니다. 사람들은 솥과 돌멩이쯤이야 선뜻 내줍니다. "수프에는 소금과 후추가 있어", "당근이 좀 있으면"…. 군인들이 재료를 말할 때마다 돌멩이 수프 맛이 궁금한 마을 사람들은 숨겨둔 것을 차례로 가져옵니다. 마침내 풍성한 재료로 만든 수프가 완성되자 온 마을 사람이 나눠 먹고 춤추며 즐거운 시간을 보냅니다.

그림책을 읽어준 다음, 이야기 주제에 대해 이야기 나눕니다.

발문 예시

• 가장 인상적인 장면은 무엇이었나요?

• 이야기를 듣고 무엇을 느꼈나요?

- 길 떠나는 군인들에게 마을 사람들이 "덕분에 아주 귀한 걸 배웠어요"라고 말합니다. 마을 사람들은 무엇을 배웠을까요?

돌멩이 수프 메뉴 정하기

다음 시간에 우리 식의 '돌멩이 수프(주먹밥)'를 만들 것이라고 예고한 뒤, 모둠별(5~6명)로 어떤 주먹밥을 만들지 정하고 각자 가져올 재료를 한 가지씩 정하게 합니다.

재료 예시

참치주먹밥: 밥, 김가루, 참치, 마요네즈, 참기름, 소금
햄주먹밥: 밥, 김가루, 햄, 단무지, 참기름, 소금

교사를 위한 TIP

'돌멩이 수프(주먹밥)' 만들기 활동의 취지와 준비물(밥 1인분과 각자 맡은 재료)을 알려주는 가정통신문을 학생들 가정에 보냅니다. 학급에서 조리하지 않고 바로 쓸 수 있도록 식재료는 미리 익히거나 썰어서 준비해줄 것을 부탁합니다.

맺는말 | 나눔의 힘

작은 것을 나눠도 그것이 모이면 그 영향은 엄청나게 클 수 있고, 많은 사람을 행복하게 하고 풍성하게 할 수 있습니다. 나눔에는 사람의 마음을 움직이는 신비한 힘이 있습니다.

4 | 나누는 기쁨

학습목표	● 내가 받은 친절에 대해 고마움을 표현할 수 있다.
	● 나눔의 기쁨을 체험한다.

사회성·감성 역량	● 대인관계 기술, 책임 있는 의사결정

수업활동	● 마음 열기: 누구의 비밀 천사일까요?
	● 나눔 활동: 우리의 돌멩이 수프

저학년
6-4

마음 열기: 누구의 비밀 천사일까요?

1 그동안 비밀 천사로서 자신이 한 일과 친구에게서 받은 친절한 행동을 떠올리게 한 다음, 이야
기 나눕니다.

발문 예시

• 누군가를 위해 몰래 어떤 일을 할 때 기분이 어땠나요?
• 친구에게 어떤 도움이 필요한지 알기 위해 어떻게 했나요?
• 어떤 친절한 말이나 도움을 받았나요? 그때 어떤 기분이 들었나요?

2 자신이 누구의 비밀 천사였는지 차례대로 공개하고, 그때마다 상대방이 비밀 천사에게 "고마워,
친구야!"라며 악수하거나 안아주는 것으로 고마움을 표현하는 시간을 가집니다.

나눔 활동: 우리의 돌멩이 수프

준비물 | 각자 준비한 밥과 식재료, 큰 그릇과 접시-모둠 수만큼, 위생장갑

1 모둠별로 앉게 한 다음, 지난 시간에 읽은 『돌멩이 수프』를 상기시킵니다.

2 집에서 가져온 밥과 음식 재료를 꺼내놓게 합니다.

3 큰 그릇과 위생장갑을 모둠별로 나눠줍니다. 준비한 재료를 큰 그릇에 넣고 섞은 다음, 밥을 뭉쳐 주먹밥을 만듭니다. 저마다 좋아하는 크기와 모양으로 창의적으로 만들도록 이끕니다.

4 모둠에서 만든 주먹밥을 반 전체에 보여주는 시간을 가진 뒤, 모둠별로 함께 나눠 먹습니다.
   주먹밥을 나눠 먹기 전에 학생들이 만든 주먹밥을 사진으로 찍어놓습니다.

5 주먹밥을 함께 만들어 먹은 소감을 나눕니다.

> 발문 예시

- 저마다 가져온 재료를 한데 섞어 음식을 만들 때 어떤 느낌이었나요?
- 음식을 함께 만들어 나눠 먹으면 좋은 점이 뭘까요?

맺는말 | 나눔의 기쁨

누군가와 나눌 때 기쁨은 배로 커집니다. 내가 누군가를 도울 때, 누군가와 함께 나눌 때 마음은 더 넉넉하고 풍성해집니다.

1 │ 행복한 나눔

학습목표	● 나눔의 의미와 다양한 나눔의 방법을 이해한다.
	● 다른 사람을 행복하게 하는 말과 행동을 실천할 수 있다.
사회성·감성 역량	● 대인관계 기술, 책임 있는 의사결정
수업활동	● 그림책 읽어주기: 『날마다 행복해지는 이야기』
	● 표현 활동: 행복 양동이를 채우는 말과 행동
	● 실천 활동: 비밀 천사

그림책 읽어주기

준비물 │ 『날마다 행복해지는 이야기』

책 소개

**날마다
행복해지는 이야기**

캐럴 매클라우드 · 데이비드 매싱
열린어린이

작가는 누구에게나 눈에 보이지 않는 자신만의 행복 양동이가 있다고 말합니다. 이 양동이가 가득 차면 행복해지고, 반대로 양동이가 비어 있으면 슬프고 불행해집니다. 양동이를 채우기 위해서는 서로가 필요합니다. 우리는 다른 사람의 행복 양동이를 퍼내는 행동을 하기도 하지만 그런다고 자신의 양동이를 채울 수 있는 것은 아닙니다. 자기 양동이를 채우는 것은 다른 사람의 친절한 말과 행동을 통해서만 가능합니다. 다른 사람의 행복 양동이를 채우기 위해 무엇을 할지 매일매일 생각해보는 것은 어떨까요?

그림책을 읽어준 다음, 생각과 경험을 이야기 나눕니다.

> 발문 예시

> - 1~10까지 숫자로 표현한다면, 여러분의 행복 양동이는 지금 얼마큼 채워졌다고 생각해요?
> - 최근에 다른 사람의 행복 양동이를 채워준 적이 있나요? 어떤 말이나 행동을 했나요?

표현 활동: 행복 양동이를 채우는 말과 행동

준비물 | 포스트잇-학생 수×2장

1 포스트잇을 1인당 2장씩 나눠줍니다. 한 장에는 자신의 행복 양동이를 채워준 사람의 말이나 행동을, 또 한 장에는 행복 양동이를 퍼낸 사람의 말이나 행동을 쓰게 합니다.

2 칠판에 '행복 양동이를 채우는 말과 행동'과 '행복 양동이를 퍼내는 말과 행동'으로 나눠 표를 그립니다. 학생들이 작성한 포스트잇을 붙이게 한 다음, 다 함께 살펴봅니다.

행복 양동이를 채우는 말과 행동	행복 양동이를 퍼내는 말과 행동

실천 활동: 비밀 천사

준비물 | 학생들 이름이 각각 적힌 쪽지, 바구니

1 '앞으로 다른 사람의 행복 양동이를 채우는 친절한 말과 행동을 더 많이 해보자'라고 제안하고, '비밀 천사'(일명 '마니토') 활동을 설명합니다.

활동 방법

- 제비뽑기로 뽑은 친구의 비밀 천사가 되어 1주일(또는 2주일) 동안 친절한 행동이나 말로 친구의 행복 양동이를 채우는 노력을 최대한 많이 하되, 다음 미션을 완수해야 한다.

  – 필요한 도움 주기 2회 이상

  – 인사하기·말 걸기 2회 이상

  – 편지 또는 메모 써서 주기 1회

- 자신이 누구의 비밀 천사인지, 자신의 비밀 천사가 누구라고 짐작하는지 1주일(또는 2주일) 뒤에 공개할 때까지 아무에게도 말하지 않는다.

2 바구니에서 쪽지를 하나씩 뽑게 합니다.

쪽지는 뽑은 사람만 보고 비밀에 부쳐야 합니다. 자기 이름이 나오면 다시 뽑습니다.

3 이 활동의 초점은 상대가 모르게 친절한 말과 행동을 하는 것임을 강조하며, 비밀 친구를 공개하는 날짜를 정합니다.

맺는말 | 행복한 나눔

내가 친절한 행동을 해서 상대방이 기뻐하면 나도 행복해집니다. 마찬가지로 나에게 친절한 행동을 한 사람은 내가 기뻐하는 것을 보며 같이 행복해질 수 있습니다. 한 번의 친절한 행동이 동시에 두 사람을 행복하게 해줍니다.

2 | 행복 양동이를 채워요

학습목표	● 상대방을 기쁘게 하는 말과 행동을 할 수 있다.
	● 나눔의 기쁨을 체험한다.
사회성·감성 역량	● 대인관계 기술, 책임 있는 의사결정
수업활동	● 마음 열기: 누구의 비밀 천사일까요?
	● 표현 활동: 행복 양동이 채우기

마음열기: 누구의 비밀 천사일까요?

1 모두 원으로 둘러앉습니다. 차례대로 돌아가며 누군가의 비밀 천사가 되어 실천한 나눔을 이야기하고 누구의 비밀 천사였는지 공개합니다.

  공개하기 앞서 반 친구들이 알아맞힐 기회를 줍니다.

2 누구의 비밀 천사였는지 공개할 때마다 상대방이 "고마워, 친구야!"라는 말과 함께 악수, 포옹 등 행동으로 고마운 마음을 전하게 합니다.

3 비밀 천사 활동을 통해 알게 된 점이나 느낀 점을 나눕니다.

표현 활동: 행복 양동이 채우기 _____

준비물 | 활동지(p.294)–학생 수만큼, 털실 또는 끈, 가위, 펀치, 사인펜, 배경음악

1 지난 시간에 읽어준 『날마다 행복해지는 이야기』를 상기시키며 미리 준비한 행복 양동이 견본을 학생들에게 보여주고, 각자 자신의 행복 양동이를 만들게 합니다.

   활동지(p.294)를 복사해서 1장씩 나눠주고, 각자 행복 양동이를 만들게 합니다. 학생들이 가위로 도안을 오리면, 양동이에 끈을 달 수 있도록 교사가 펀치로 구멍을 뚫어줍니다

활동지(p.294)

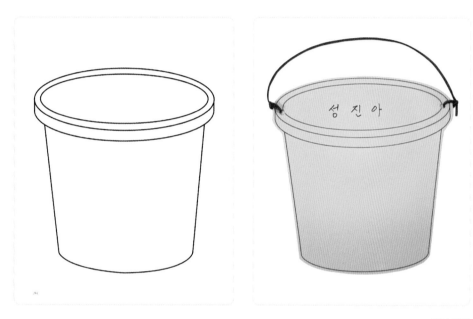

견본 예시

2 '비밀 친구가 한 사람의 행복 양동이를 채워주는 활동이라면, 이번에는 되도록 많은 사람의 행복 양동이를 채우는 활동을 하겠다'라고 안내한 뒤, 칭찬, 감사, 사과, 위로, 격려의 말을 예를 들어보게 합니다.

3 배경음악을 틀어놓은 다음, 각자 행복 양동이와 사인펜(또는 연필)을 들고 교실을 돌아다니며 서로의 행복 양동이를 좋은 말로 채워주자고 합니다.

   교사도 활동에 참여합니다.

4 활동을 마치면 제자리로 돌아와 자기 행복 양동이에 적힌 말을 읽는 시간을 가집니다.

5 활동 소감을 나눕니다.

> 발문 예시

- 친구의 행복 양동이를 채워줄 때 기분이 어땠나요?
- 친구들이 내 행복 양동이에 채워준 말을 읽고 기분이 어땠나요?

맺는말 | 나눔의 기쁨

> 다른 사람의 행복 양동이를 채우는 우리의 말과 행동이 상대방을 기쁘게 합니다. 기분이 좋아진 상대방은 또 다른 사람의 행복 양동이를 채우는 말과 행동을 하게 될 것입니다. 이렇게 한 사람의 말과 행동이 이어져서 여러 사람의 행복 양동이를 채우게 됩니다. 결국 나의 친절한 말과 행동은 다시 내게로 돌아옵니다.

3 │ 더 아름다운 세상

학습목표	● 아름다운 세상을 만드는 방법을 생각하고 찾을 수 있다. ● 지역사회를 가꾸기 위해 수고하는 분들에게 감사의 마음을 표현할 수 있다.
사회성·감성 역량	● 사회적 인식, 책임 있는 의사결정
수업활동	● 노래 감상: 〈아름다운 세상〉 ● 그림책 읽어주기: 『미스 럼피우스』 ● 표현 활동: 감사 편지 쓰기

노래 감상: <아름다운 세상> ──────────────────

준비물 │ 〈아름다운 세상〉(박학기 작사·작곡) 동영상 또는 음원

1 노랫말을 음미하며 듣도록 격려하고 노래를 들려줍니다.

2 저마다 마음에 가장 와닿는 구절이 무엇인지 이야기 나눈 뒤, 다 함께 노래를 부릅니다.

아름다운 세상

박학기 작사·작곡

문득 외롭다 느낄 땐 하늘을 봐요
같은 태양 아래 있어요 우린 하나예요
마주치는 눈빛으로 만들어가요
나즈막히 함께 불러요 사랑의 노래를

작은 가슴 가슴마다 고운 사랑 모아
우리 함께 만들어봐요 아름다운 세상

혼자선 이룰 수 없죠 세상 무엇도
마주 잡은 두 손으로 사랑을 그려요
함께 있기에 아름다운 안개꽃처럼
서로를 곱게 감싸줘요 모두 여기 모여

작은 가슴가슴마다 고운 사랑 모아
우리 함께 만들어봐요 아름다운 세상

그림책 읽어주기

준비물 | 『미스 럼피우스』

책 소개

바버라 쿠니 | 시공주니어

꼬마 앨리스는 할아버지가 그랬듯이 어른이 되면 먼 곳을 여행하고 할머니가 되면 바닷가에서 사는 것이 소원입니다. 할아버지는 손녀에게 할 일이 하나 더 있다고 말합니다. 세상을 좀 더 아름답게 만드는 일이지요. 세월이 흘러 앨리스는 두 가지 소원을 이룹니다. 그리고 세상은 이미 아름다워서 자기가 더 할 일이 없다고 생각합니다. 할머니가 된 앨리스는 어느 날 집 마당에 심은 루핀꽃의 씨가 언덕에까지 날아가 꽃을 피운 광경을 보고 문득 자신이 할 일을 발견합니다. 이듬해 봄, 온 마을에 루핀꽃이 만발합니다.

그림을 감상하며 들을 수 있도록 『미스 럼피우스』를 천천히 읽어준 다음, 책에 대한 생각과 느낌을 나눕니다.

> 발문 예시

- 할아버지가 앨리스에게 '세상을 좀 더 아름답게 하는 일을 해야 한다'라고 말했어요. 이 말의 의미는 무엇일까요?
- 세상을 좀 더 아름답게 하는 일에는 눈에 보이는 것뿐 아니라 눈에 보이지 않는 것도 많아요. 세상을 좀 더 아름답게 하기 위해 여러분이 할 수 있는 일에는 무엇이 있을까요?

표현 활동: 감사 편지 쓰기

준비물 | 편지지–학생 수만큼, 〈아름다운 세상〉 동영상 또는 음원

1 우리 학교나 지역을 더욱 아름답게 만드는 데 이바지하는 이들에는 누가 있는지 이야기 나눕니다.

2 편지지를 나눠주고, 각자 한 사람을 정해 감사 편지를 쓰게 합니다.

노래 〈아름다운 세상〉을 배경음악으로 들려줍니다.

맺는말 | 아름다운 세상 만들기

세상을 더욱 아름답게 만드는 일은 거창하지만은 않고, 내가 하는 말 한마디, 작은 행동 하나에서 시작됩니다. 우리의 작은 행동이 모이면 세상을 변화시키는 큰 힘이 될 수 있습니다. 누구나 이 세상을 더 아름답게 만드는 주인공이 될 수 있습니다. 우리 모두가 이 세상을 더 아름답게 만드는 주인공이 됩시다.

4 | 나눔을 실천해요

학습목표
- 내가 속한 학교와 지역사회에서 나눔을 실천할 수 있다.
- 나눔의 기쁨을 체험한다.

사회성·감성 역량
- 대인관계 기술, 책임 있는 의사결정

수업활동
- 마음 열기: 공익광고 감상하기
- 나눔 프로젝트: 그림책 읽어주기

마음열기: 공익광고 감상하기

준비물 | 캐네디언타이어((Canadian Tire) 광고 〈Wheels:60〉 영상

> **〈Wheels: 60〉소개**
>
> 한 남자아이가 멀리 굴러간 농구공을 주우러 갔다가 어느 집 앞에서 휠체어에 앉아 있는 아이를 만납니다. 가볍게 인사를 나누고 아이가 집으로 들어간 뒤 남자아이는 잠시 뭔가 생각하다 미소 지으며 돌아갑니다. 다음 날 휠체어에 앉아 있는 아이는 집 앞에 농구공이 있는 것을 발견합니다. 아이는 농구공을 무릎에 놓고 공터로 갑니다. 그런데 동네 아이들이 제각각 바퀴 달린 탈것이나 물건에 앉은 채 농구를 하고 있습니다. 아이도 합류합니다.

위 광고 영상을 보여준 뒤 소감을 나눕니다.

> 발문 예시
>
> - 이 영상을 보며 어떤 느낌이나 생각이 들었나요?
> - 이 광고는 어떤 메시지를 전달하는 것 같나요?
> - 이 광고의 내용은 나눔과 어떤 관계가 있을까요?

나눔 프로젝트: 그림책 읽어주기 _____

다음과 같은 절차를 거쳐 나눔 프로젝트 '그림책 읽어주기'를 기획하고 실행합니다.

1 기획: 그림책을 읽어줄 대상(같은 학교의 저학년 동생 또는 경로당에 계신 어르신 등)을 토의를 통해 정합니다.

   이 활동을 각자 할지 2명 또는 그 이상이 한 조가 되어 할지는 학생들의 선호도나 상황을 고려해 교사가 융통성 있게 정합니다. 또 교사는 학생들이 그림책을 읽어줄 대상과 장소를 섭외하고 날짜와 시간을 정합니다.

2 준비: 본 책『마음트리』에서 접했거나 좋아하는 그림책 중 남에게 읽어주고 싶은 책을 1권씩 정합니다. 그림책을 읽어주는 연습을 하고 이야기 나눌 질문 2가지를 만듭니다. 각자 또는 조를 이뤄 준비를 마치면, 모둠별로 모여 저마다 고른 그림책을 모둠원들에게 읽어주고 이야기 나누며 연습합니다.

3 실행: 장소와 날짜가 정해지면 그림책 읽어주기 나눔 프로젝트를 실행합니다.

4 평가: 나눔 프로젝트를 실천한 소감을 나눕니다.

맺는말 | 나눔의 자세

주는 사람과 받는 사람이 모두 행복한 나눔을 하기 위해서는, 상대방의 입장을 배려하고 눈높이를 맞추는 것이 필요합니다. 내가 나누고 싶고 상대방도 필요로 하고 좋아하는 것을 나눌 때, 주는 이와 받는 이 모두에게 행복한 나눔이 될 수 있을 것입니다.

저학년
활동지

무지개 빛 하모니

윤학준 작사·작곡

일곱 빛깔 무지개 아름다운 하모니
우리들도 하나 되어 하모니를 이뤄요
빨주노초파남보 다른 빛깔이지만
서로 마음 모아서 하모니를 이루죠

우리들의 모습 모두가 다르지만
마음의 문 열고 한마음 이루어요
서로 감싸주고(감싸주고)
서로 아껴주는(아껴주는)
무지개 빛 고운 하모니
우리 함께 만들어요 무지개 빛 하모니
혼자서는 할 수 없어 함께 꿈을 이뤄요
너와 내가 손잡고 희망의 꿈 펼쳐요
우리 모두 하나되는 무지개 빛 하모니

무지개 빛 하모니 만들어요!

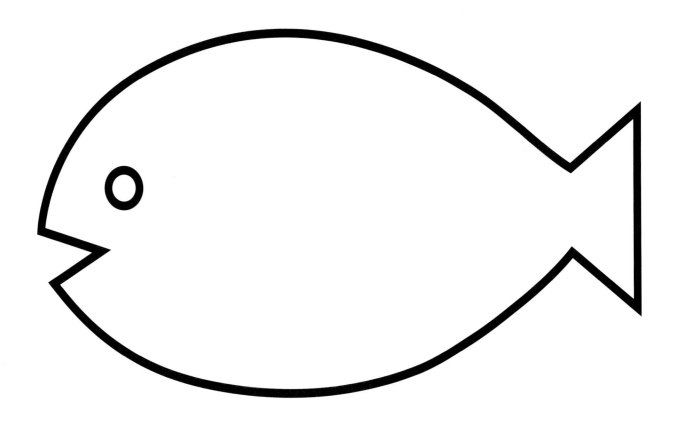

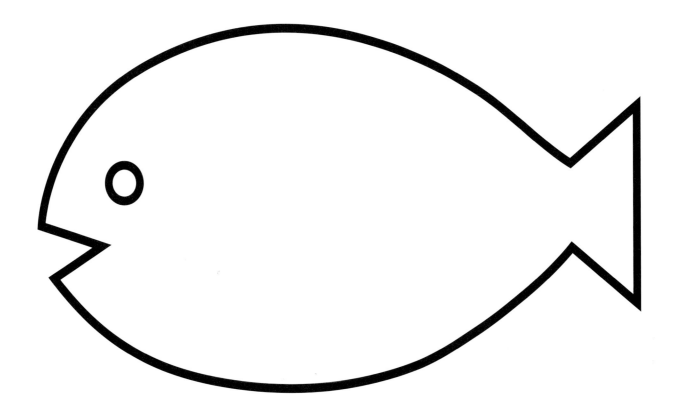

♥ 좋아하는 음식은?

....

♥ 가장 아끼는 보물은?

....

♥ 가장 좋아하는 놀이나 운동은?

....

♥ 무서워하는 것은?

....

♥ 좋아하는 음식은?

....

♥ 가장 아끼는 보물은?

....

♥ 가장 좋아하는 놀이나 운동은?

....

♥ 무서워하는 것은?

....

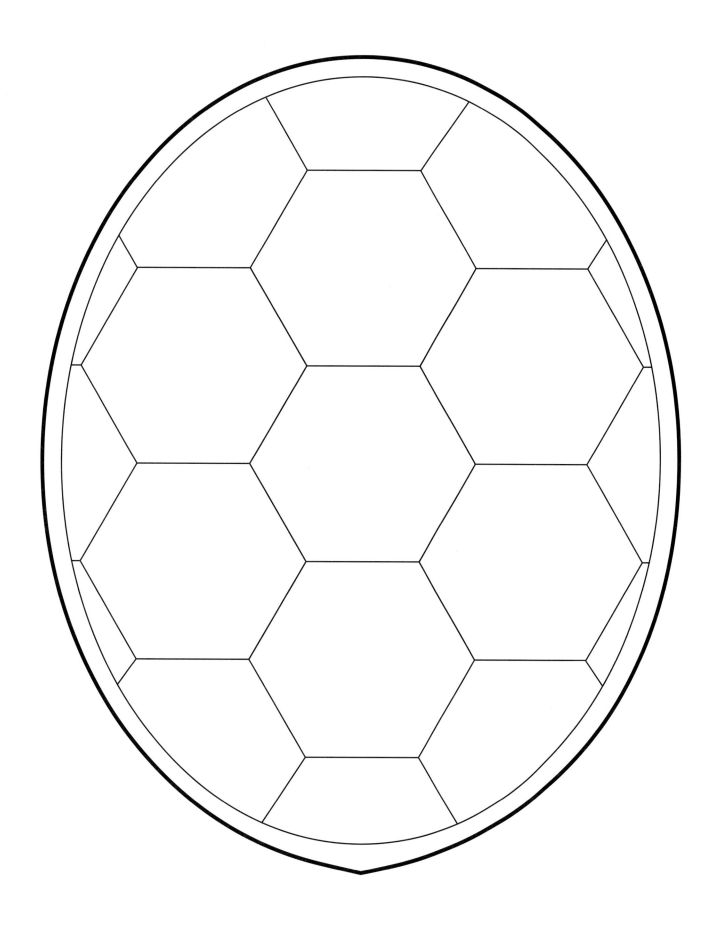

인형극 대본

안녕, 친구들. 내 이름은 림보야. 『난 등딱지가 싫어!』의 주인공이 바로 나야. 만나서 반가워!
너희들은 혹시 너희의 어떤 모습이 맘에 안 들어서 자신을 미워하거나 다른 사람이 되었으면 하고 생각해본 적 있니?

(학생들의 대답을 들은 뒤) 난 말이야, 내 등에 있는 이 등딱지가 너무 싫어서, 아주아주 속상한 적이 있어. 토끼가 '느림보'라고 나를 놀려대는 걸 들을 때마다 너무 속상하고 나 자신이 너무 싫어서 울고 싶었어. 나와는 비교도 안 되게 빠른 토끼를 보면서 토끼가 너무너무 부러웠어.

　　나는 무거운 등딱지만 없으면 토끼처럼 빨리 달릴 수도 있고, 토끼한테 느림보라고 놀림받지 않아도 되어서 정말 기쁠 거라 생각했어. 행복해질 수 있을 거라 생각했지. 그래서 이 등딱지를 내다 버리기로 결심했어. 나는 언덕에서 등딱지를 힘껏 날려버렸어. 그렇게 하면 나는 홀가분해져서 날아갈 듯이 기쁠 줄 알았어.

　　그런데 얼마 지나지 않아 등딱지를 벗어버린 것을 엄청 후회했어. 왜 그런지 아니?

(학생들의 대답을 들은 뒤) 맞아. 너희들이 말한 것처럼, 여름에 모기들이 내 등에 달라붙어 물어대서 등이 퉁퉁 부어오르고 가렵고, 뜨거운 햇볕에 등이 너무 뜨거워서 괴롭고, 또 밤에는 너무너무 추운 거야. 그뿐만이 아냐. 등딱지가 없는 내 모습을 보고는 거북이 친구들이 나를 '벌거벗은 림보'라고 놀리며 웃어대는 거야.

　　그제야 비로소 내 등딱지가 나한테 얼마나 소중하고 필요한지 깨달았어. 그리고 등딱지를 찾아 헤맸어. 그런데 내 등딱지를 어디서 찾았는지 아니?

(학생들의 대답을 들은 뒤) 그래, 맞아! 내가 얼마나 놀랐는지 몰라. 토끼가 갖고 있을 거라곤 상상도 못 했으니까. 나를 느림보라고 그렇게 놀렸던 바로 그 토끼. 그 토끼가 내 등딱지를 그렇게 부러워했을 줄은 꿈에도 생각을 못 했지. 그런데 토끼뿐 아니라 다른 동물들도 내 등딱지를 무지무지 부러워한다는 이야기를 들었을 땐 정말 놀랐어. 내 등딱지가 더 소중하게 느껴졌지. 그리고 내가 토끼처럼 빠르지 않아서 좋은 점이 많다는 것을 알게 되었어. 이제 다른 동물 친구들이 나를 느리다고 놀리면 난 이렇게 말할 거야.

"내가 천천히 움직이기 때문에 할 수 있는 것이 얼마나 많은지 너는 모르지? 천천히 꼬물꼬물 기어가는 달팽이나 지렁이와도 얘기할 수 있고, 강물처럼 천천히 흘러가는 구름도 구경할 수 있다고."

그리고 너희에게 부탁하고 싶은 게 있는데, 해도 될까?

(학생들의 대답을 들은 뒤) 두 가지 부탁이 있어. 하나는 너희 자신에 대한 부탁이야. 만약 너희의 어떤 모습이나 어떤 점이 다른 사람들과 달라서 고민이라면, 달라서 좋은 점들을 생각해보라고 얘기해주고 싶어. 또 한 가지는, 너희와 다르게 생겼거나 다르게 행동하는 사람을 놀리지 말라는 거야. 그 사람을 있는 그대로 인정하고 존중해주길 부탁할게. 나와 다르다는 것이 나쁘거나 이상한 것은 아니거든. 이 두 가지를 나랑 약속해줄래?

(학생들의 대답을 들은 뒤) 약속해줘서 고마워. 앞으로 자신을 더욱 사랑하고 서로를 존중하는 너희들을 또 만나길 기대할게. 그럼 안녕!

이름

😠 불쾌한 감정	😊 유쾌한 감정

감정 단어

편안하다	억울하다
즐겁다	화난다
속상하다	신난다
불안하다	외롭다
재미있다	무섭다
기쁘다	자랑스럽다
슬프다	두렵다
행복하다	실망스럽다

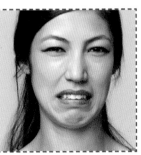  

앎	느낌	궁금함	느낌	기쁨

감정 바퀴

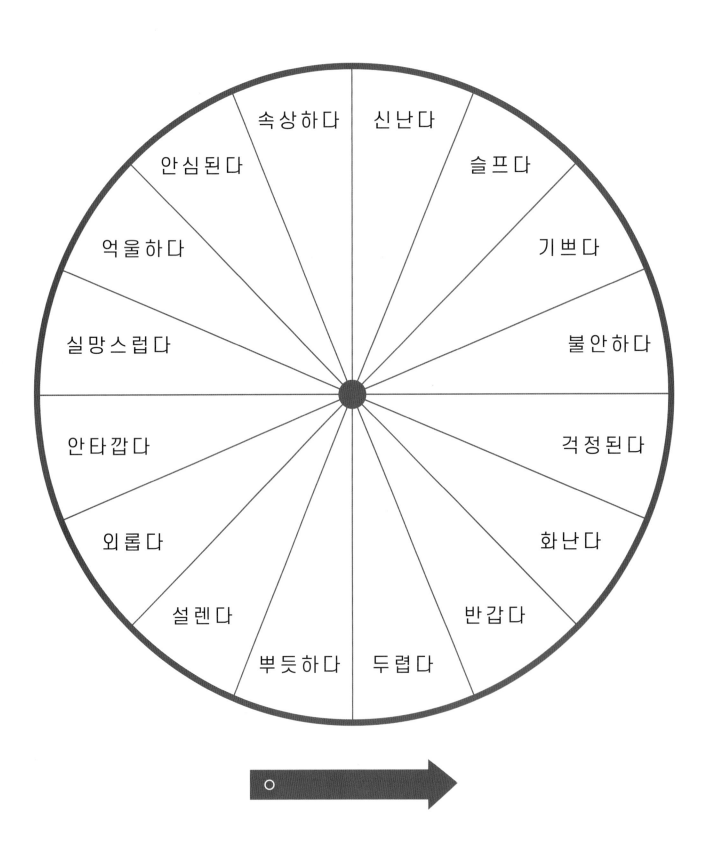

상황 카드

내가 잘못한 것도 없는데 친구가 내 머리를 쳤다.	누가 읽어주지 않아도 나 혼자서 책을 읽을 수 있게 되었다.
학교에서 내가 아끼던 신발을 잃어버렸다.	내가 거짓말한 것 때문에 부모님께 많이 혼났다.
단짝 친구가 멀리 이사하면서 다른 학교로 전학을 간다고 한다.	멀리 사시는 할아버지 할머니께서 오늘 우리 집에 오신다.
비가 많이 와서 쉬는 시간에도 교실에 있어야 한다.	선생님이 숙제 검사를 하시는데, 숙제한 것을 집에 놓고 온 걸 그제야 깨달았다.
새 친구가 생겼다.	부모님께서 이번 주말에 놀이공원에 데려간다고 하셨는데, 갑자기 일이 생겨서 못 가겠다고 하신다.
나와 장난치다 친구가 넘어져 팔에 피가 나고 울었다.	아버지 직장 때문에 외국으로 멀리 이사하게 되었다.

🍑 최근에 속상했던 일이나 고민이 있나요? 그 마음을 그림과 글로 표현하세요.

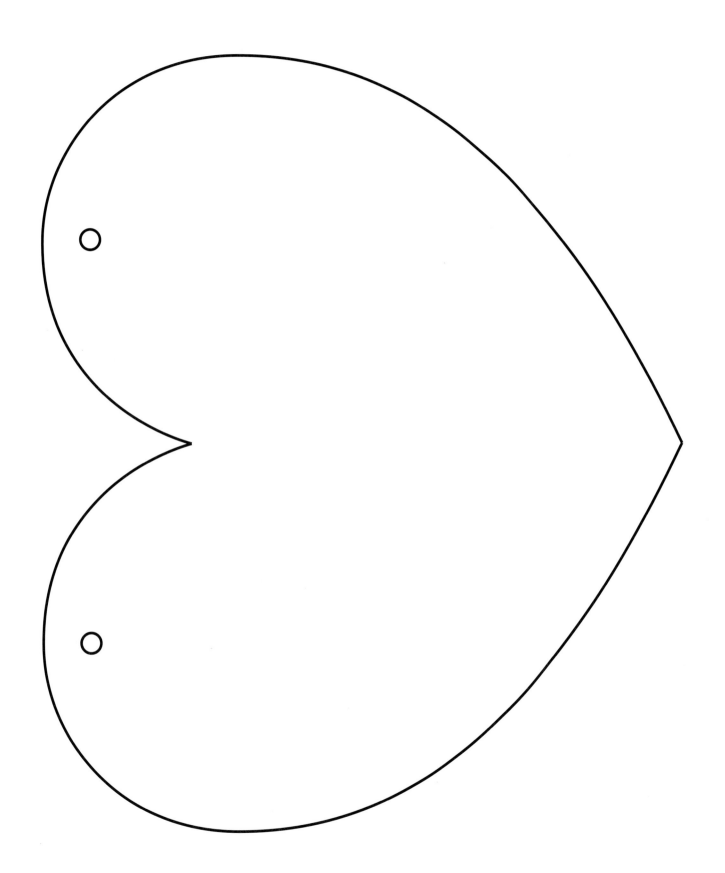

수진이의 하루

어젯밤 수진이는 무서운 꿈을 꾸느라 잠을 설쳤어요. 아침에 아빠가 깨우는 소리가 들렸어요. "수진아, 빨리 일어나!" 하지만 수진이는 너무 피곤해서 바로 일어나지 못하고 침대에 계속 누워 있었어요. 그러자 아빠가 방에 들어오시더니 짜증 나는 목소리로 소리치시는 거예요. "어서 일어나지 못해? 빨리 아침 먹어!" 💔

수진이는 억지로 일어나 눈을 비비며 부엌으로 향했어요. 아침을 먹으려고 식탁에 앉았는데, 수진이가 좋아하는 소시지 반찬을 오빠가 하나도 남기지 않고 다 먹어버린 거예요. 속상한 마음에 오빠를 쳐다보자 도리어 오빠가 놀렸어요. "누가 늦잠 자래?" 💔

수진이는 옷을 갈아입자마자 얼른 가방을 집어 들고는 학교로 뛰어갔어요. 부랴부랴 교실에 들어가니, 담임선생님이 화난 얼굴로 수진이를 쳐다보면서 칠판에 "지각 김수진"이라고 쓰셨어요. 그 모습을 본 학급 친구들이 수진이를 보며 깔깔거리며 웃었어요. 💔

그렇게 아침나절이 지나가고 점심시간이 되어 수진이는 식당으로 향했어요. 급식을 받아서 반 여자 친구들이 있는 자리로 가서 앉으려고 하는데, 친구들이 말리지 뭐예요. "여기 자리 없어!" 💔

속이 상한 수진이는 학교가 끝나자마자 집으로 뛰어갔어요. 그런데 그만 돌부리에 걸려 넘어지고 말았어요. 너무 아파서 아래를 보니 바지에 구멍이 크게 나 있고, 다리에서 피가 나고 있었어요. 아픈 다리를 질질 끌며 집에 간신히 도착했는데, 엄마가 수진이를 보자마자 짜증을 내며 말씀하셨어요. "바지가 그게 뭐야? 또 넘어졌어?" 💔

🍑 수진이를 속상하게 한 말이나 행동을 찾아 쓰고, 위로가 되는 말이나 행동을 쓰세요.

	속상하게 한 말이나 행동 💔	위로가 되는 말이나 행동 💟
아침에 일어나기 힘들어할 때 (아빠)		
좋아하는 소시지가 하나도 남지 않았을 때 (오빠)		
학교에 지각했을 때 (선생님과 친구들)		
점심시간에 친구들 옆에 앉으려 할 때 (친구들)		
아픈 다리를 끌고 집에 돌아왔을 때 (엄마)		

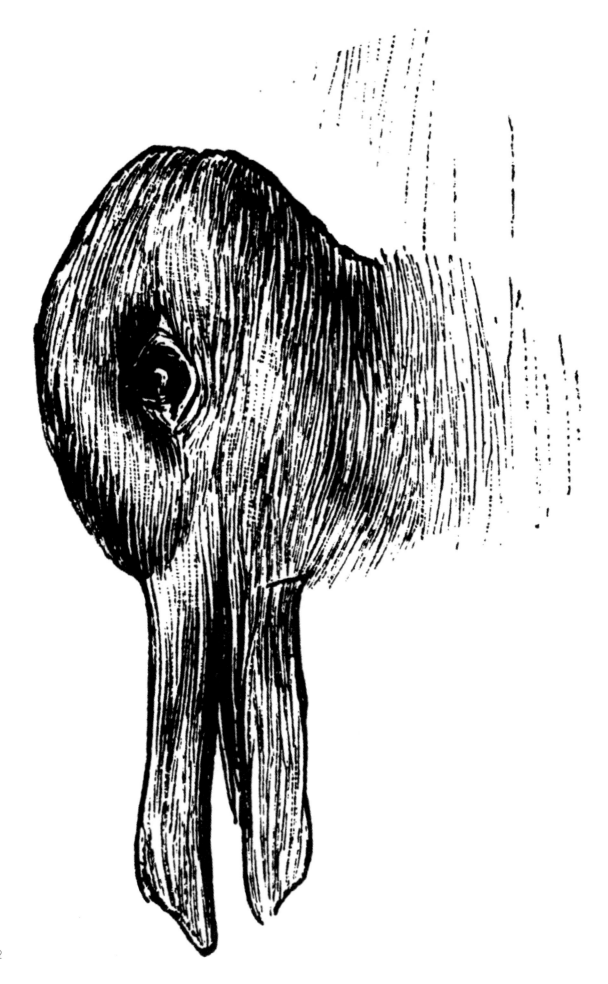

<그림 2>

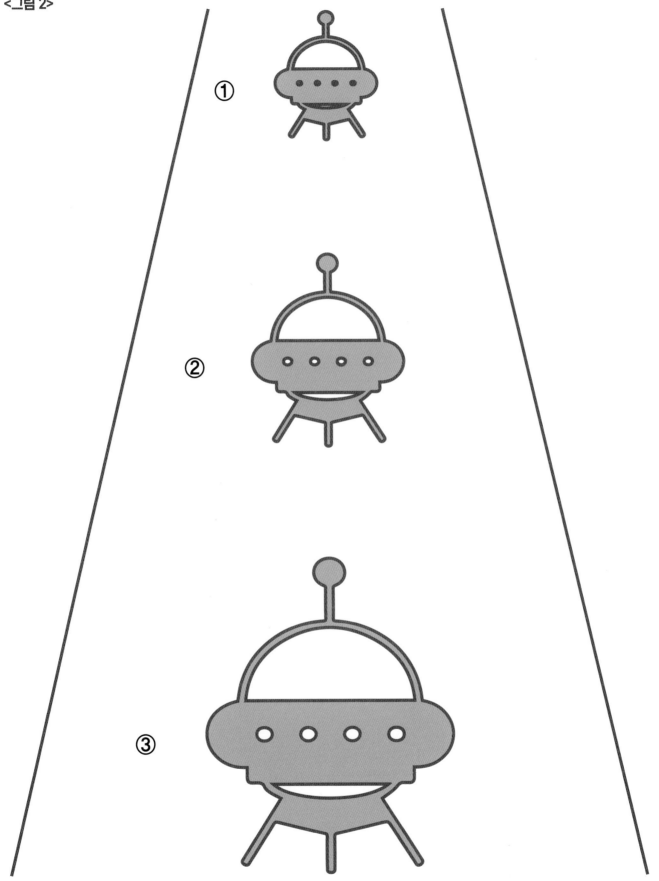

① ② ③

이름 ....

🍑 '아기 돼지 삼 형제'에 등장하는 돼지와 늑대에 대한 느낌이나 생각을 떠오르는 대로 쓰세요.

늑대	돼지

🍑 『늑대가 들려주는 아기 돼지 삼 형제 이야기』에 등장하는 늑대와 벽돌집을 지은 아기 돼지에게 하고 싶은 질문을 쓰세요.

> 늑대에게
>
> ❶ ....
>
> ❷ ....

> 벽돌집에 사는 아기 돼지에게
>
> ❶ ....
>
> ❷ ....

🪀 『일곱 마리 눈먼 생쥐』에서 생쥐들은 코끼리의 어느 부위를 무엇이라고 상상했나요? 빈칸에 쓰세요.

🪀 『일곱 마리 눈먼 생쥐』 이야기를 듣고 느낀 점을 쓰세요.

<상황 1>

<상황 2>

역할극 대본

<상황 2>

학생 1: 네가 내 팔을 쳐서 물이 쏟아지는 바람에 그림이 엉망이 되어서 내가 너무 속상하고 마음
이 아파. 다음엔 내가 그림 그릴 때 너무 가까이 붙지 않게 조심해줄래?

학생 2: 미안해. 다음에 안 그러도록 조심할게.

<상황 3>

학생 1: 네가 갑자기 나를 밀치며 앞에 끼어드는 바람에 내가 넘어질 뻔해서 너무 화가 나. 내 뒤
로 가서 차례를 지켜줄래?

학생 2: 미안해. 줄이 있는 걸 미처 못 봤어. 다음부턴 조심할게.

<상황 4>

학생 1: 너희들이 나를 보고 깔깔거리며 웃을 때 뚱뚱하다고 놀리는 것 같아 너무 속상하고 울
고 싶어. 나를 보고 그렇게 깔깔거리며 웃지 않으면 좋겠어.

학생 2: 미안해. 너를 놀리려고 그런 건 아니었어. 다음부턴 안 그럴게.

내가 할 수 있는 나눔

고학년
활동지

● 나를 동물로 표현한다면?

나는 ⋯⋯⋯⋯⋯⋯⋯⋯⋯⋯⋯⋯⋯⋯⋯⋯⋯⋯⋯⋯⋯ 와(과) 같다.

왜냐하면 ⋯⋯⋯⋯⋯⋯⋯⋯⋯⋯⋯⋯⋯⋯⋯⋯⋯⋯⋯⋯⋯

⋯⋯⋯⋯⋯⋯⋯⋯⋯⋯⋯⋯⋯⋯⋯⋯⋯⋯⋯⋯⋯⋯⋯⋯⋯⋯⋯

⋯⋯⋯⋯⋯⋯⋯⋯⋯⋯⋯⋯⋯⋯⋯⋯⋯⋯⋯⋯⋯⋯⋯ 다.

● 나의 장점으로 학급에 도움을 줄 수 있는 방법은?

⋯⋯⋯⋯⋯⋯⋯⋯⋯⋯⋯⋯⋯⋯⋯⋯⋯⋯⋯⋯⋯⋯⋯⋯⋯⋯⋯

⋯⋯⋯⋯⋯⋯⋯⋯⋯⋯⋯⋯⋯⋯⋯⋯⋯⋯⋯⋯⋯⋯⋯⋯⋯⋯⋯

⋯⋯⋯⋯⋯⋯⋯⋯⋯⋯⋯⋯⋯⋯⋯⋯⋯⋯⋯⋯⋯⋯⋯⋯⋯⋯⋯

⋯⋯⋯⋯⋯⋯⋯⋯⋯⋯⋯⋯⋯⋯⋯⋯⋯⋯⋯⋯⋯⋯⋯⋯⋯⋯⋯

1 공동체 구성원으로 생활할 때 좋은 점과 불편한 점을 쓰세요.

☺ 좋은 점	☹ 불편한 점

2 우리 학급을 행복한 공동체로 만들기 위해 해소해야 할 불편을 2가지 정하고, 그것을 줄이는 노력 또는 약속을 모둠에서 의논하고 쓰세요.

☹ 불편한 점	☺ 우리의 노력과 약속

건포도에 관한 중요한 사실은

┈┈┈┈┈┈┈┈┈┈┈┈┈┈┈┈┈┈┈┈┈┈┈┈┈┈┈┈┈ 는 거야.

건포도는

┈┈┈┈┈┈┈┈┈(하)고, ┈┈┈┈┈┈┈┈┈(하)고, ┈┈┈┈┈┈┈┈┈(하)지.

하지만 건포도에 관한 중요한 사실은

┈┈┈┈┈┈┈┈┈┈┈┈┈┈┈┈┈┈┈┈┈┈┈┈┈┈┈ 는 거야.

이름 ┈┈┈┈┈┈┈┈┈┈┈┈┈┈┈┈┈┈┈┈┈┈┈

건포도에 관한 중요한 사실은

┈┈┈┈┈┈┈┈┈┈┈┈┈┈┈┈┈┈┈┈┈┈┈┈┈┈┈┈┈ 는 거야.

건포도는

┈┈┈┈┈┈┈┈┈(하)고, ┈┈┈┈┈┈┈┈┈(하)고, ┈┈┈┈┈┈┈┈┈(하)지.

하지만 건포도에 관한 중요한 사실은

┈┈┈┈┈┈┈┈┈┈┈┈┈┈┈┈┈┈┈┈┈┈┈┈┈┈┈ 는 거야.

♡♡ 내가 받은 칭찬 ♡♡

❶

❷

❸

❹

❺

 나에 관한 중요한 사실

나에 관한 중요한 사실은

바람의 빛깔

사람들만이 생각할 수 있다 그렇게 말하지는 마세요

나무와 바위 작은 새들조차 세상을 느낄 수가 있어요

자기와 다른 모습 가졌다고 무시하려고 하지 말아요

그대 마음의 문을 활짝 열면 온 세상이 아름답게 보여요

달을 보고 우는 늑대 울음소리는 뭘 말하려는 건지 아나요

그 한적 깊은 산속 숲 소리와 바람의 빛깔이 뭔지 아나요

바람의 아름다운 저 빛깔이

얼마나 크게 될지 나무를 베면 알 수가 없죠

서로 다른 피부색을 지녔다 해도 그것은 중요한 게 아니죠

바람이 보여주는 빛을 볼 수 있는 바로 그런 눈이 필요한 거죠

아름다운 빛의 세상을 함께 본다면 우리는 하나가 될 수 있어요

이름

....

🍑 내가 나여서 좋았던 적을 떠올려 보세요. 나의 어떤 점이 마음에 드나요?

🖊
....

....

....

🧅 나를 남과 비교하고 속상한 적이 있나요? 무엇을 비교했나요?

🖊
....

....

....

🍑 『세상에서 가장 아름다운 달걀』을 읽고 나에게 하고 싶은 말이 무엇인가요?

🖊
....

....

....

소중한 우리

1 우리 학급에서 친구들 사이에 서로 다른 부분이 있다면 무엇인지 기록하고, 그 차이를 극복하고 '하나가
   되는 방법'을 찾아보세요.

	서로 다른 부분	하나가 되는 방법
1		
2		
3		
4		
5		
6		

2 우리 학급 구성원의 다양한 특징과 하나 되는 방법을 담아 〈바람의 빛깔〉 노랫말 전체 또는 일부를 바꿔보세요.

바람의 빛깔

사람들만이 생각할 수 있다 그렇게 말하지는 마세요

나무와 바위 작은 새들조차 세상을 느낄 수가 있어요

자기와 다른 모습 가졌다고 무시하려고 하지 말아요

그대 마음의 문을 활짝 열면 온 세상이 아름답게 보여요

달을 보고 우는 늑대 울음소리는 뭘 말하려는 건지 아나요

그 한적 깊은 산속 숲 소리와 바람의 빛깔이 뭔지 아나요

바람의 아름다운 저 빛깔이

얼마나 크게 될지 나무를 베면 알 수가 없죠

서로 다른 피부색을 지녔다 해도 그것은 중요한 게 아니죠

바람이 보여주는 빛을 볼 수 있는 바로 그런 눈이 필요한 거죠

아름다운 빛의 세상을 함께 본다면 우리는 하나가 될 수 있어요

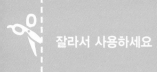

🍎 다음은 어떤 감정일 때 일어나는 신체 반응일까요? '기쁨, 두려움, 분노, 불안, 슬픔, 지루함' 중에서 골라 쓰세요.

- 체온이 올라간다.
- 가슴이 두근거린다.
- 미소 짓는다.
- 몸이 날아갈 듯이 가볍다.
- 춤추고 싶다.
- 목소리가 커진다.

❶ ( )

- 몸이 뜨거워진다.
- 눈썹을 찌푸린다.
- 목소리가 커진다.
- 몸이 긴장되고 굳어진다.
- 주먹을 불끈 쥔다.
- 이를 꽉 문다.

❷ ( )

- 몸이 차가워진다.
- 가슴이 쿵쿵 뛴다.
- 말이 잘 나오지 않는다
- 머리카락이 쭈뼛 서는 것 같다.
- 눈이 휘둥그레진다.
- 눈썹이 위로 올라간다.
- 다리가 잘 움직이지 않는다.

❸ ( )

- 눈썹과 눈이 아래로 처진다.
- 입가가 처진다.
- 눈물이 난다.
- 팔다리에 힘이 없다.
- 체온이 내려간다.
- 목소리가 작아진다
- 어깨가 처진다.

❹ ( )

- 눈꺼풀이 무거워진다.
- 몸에 힘이 없어진다.
- 하품이 나온다.
- 바로 앉아 있기가 힘들다.
- 한숨이 나온다.
- 몸이 배배 꼬이는 것 같다.

❺ ( )

- 가슴이 답답하다.
- 숨쉬기가 힘들다.
- 눈썹이 찌푸려진다.
- 손에서 땀이 난다.
- 몸에서 열이 나는 것 같다.
- 팔다리가 떨린다.

❻ ( )

출처: 『만다라 그리기 시리즈 31(성인편)』(정여주, 학지사)

감정 단어 카드

감동하다	반갑다	비참하다
감사하다	뿌듯하다	홀가분하다
자랑스럽다	고맙다	재미있다
만족스럽다	신난다	두렵다
흐뭇하다	통쾌하다	즐겁다
편안하다	후회스럽다	우울하다
행복하다	상쾌하다	안타깝다
설렌다	서럽다	억울하다
안심된다	속상하다	울적하다
기쁘다	슬프다	평화롭다
초조하다	막막하다	불안하다
부끄럽다	분하다	외롭다
답답하다	괴롭다	기운난다
들뜨다	의기소침하다	당당하다

🍑 다음 상황에서 테일러가 느꼈을 감정을 '감정 단어 카드'에서 있는 대로 찾아 붙이세요.

❶ 테일러가 성을 완성했을 때

❷ 새가 날아와 성이 무너졌을 때

❹ 토끼가 테일러의 이야기를 가만히 들어주었을 때

❸ 동물들이 테일러에게 각자의 생각을 말했을 때

귀 이(耳) + 임금 왕(王) + 열 십(十) + 눈 목(目) + 한 일(一) + 마음 심(心)

耳		王	
十		目	
一		心	

聽(들을 청)의 의미는 무엇이라고 생각하는지 토의하고 쓰세요.

상

이름

위 학생은

때문에 감사와 사랑을 담아 이 상을 드립니다.

년   월   일

학교   학급   이름

빛

(부제: 친구를 위로하는 방법)

유재환 작사·작곡

항상 네 곁에서 널 위로해줄게

울지 마 눈물 닦아줄게 나의 친구야

네 맘 다치거나 가슴 아려올 때

너의 뒤에서 네 어깨 감싸줄게

너의 마음에 귀를 기울이고

너의 웃음꽃 피게 꼭 안아주면

조금 불안하고 조금 아프더라도

널 괴롭히던 일도 모두 괜찮아질 거야

저 하늘에 들리게 크게 웃어보자

얼어버린 마음에 봄이 오고

환하게 웃는 얼굴에 빛이 들고

조금은 지치고 조금 삐걱거려도

이 추운 마음의 겨울이 결국 녹을 거야

우리 함께 걸으면 모두 잘될 거야

온 세상이 변해도 크게 웃어보자

저 하늘에 들리게 크게 웃어보자

(후렴)

솜사탕같이 달콤한 미소 가득할 거야

너의 모습 그대로 널 사랑할 거야

내가 너의 빛이고 네가 나의 별이 될

우리 둘의 세상을

상황 카드

학급에 맞는 상황을 빈칸에 추가할 수 있습니다.

내가 게임을 너무 많이 해서 부모님이 스마트폰을 빼앗으셨다.	친구들이 나를 카톡방에 강제로 초대해 내 험담을 했다.
친구가 자기 일을 대신 해 달라고 자꾸 부탁하는데 거절도 못 하고 힘들다.	사람들 앞에서 발표할 때마다 많이 떨리는데, 내일 학예회에서 실수할까 봐 걱정된다.
학원에서 시험을 봤는데 성적이 떨어져서 엄마한테 혼났다.	할아버지께서 많이 편찮으셔서 병원에 입원하셨다.
부모님이 새로 사주신 옷을 입고 학교에 왔는데 친구들이 이상하다고 놀렸다.	운동회에서 반 대항 릴레이를 하는데 내가 넘어져서 우리 반이 꼴찌를 했다.
어젯밤에 부모님이 싸우셔서 잠을 제대로 못 자고 학교에 왔다.	부모님께서 이번 주말에 놀이공원에 데려간다고 하셨는데, 바쁜 일이 생겨서 못 가겠다고 하신다.

이름 ....

⚫ 다양한 관점을 보여주는 상황을 그림과 글로 표현하세요.

이름 ....

🍑 농부와 까마귀가 서로를 위협하며 싸우는 것을 보고 어떤 생각이나 느낌이 들었나요?

```
┌─────────────────────────────────────────────────┐
│                                                 │
│                                                 │
│                                                 │
│                                                 │
└─────────────────────────────────────────────────┘
```

🍑 부엉이가 "대화는 마술을 부리거든"이라고 말합니다. 이 말의 의미가 무엇이라고 생각하나요?

```
┌─────────────────────────────────────────────────┐
│                                                 │
│                                                 │
│                                                 │
│                                                 │
└─────────────────────────────────────────────────┘
```

🍑 농부 또는 까마귀의 입장이 되어 '나-전달법'으로 상대방에게 마음을 표현하세요.

🐦 내 역할은 .... 입니다. 👨‍🌾

```
┌─────────────────────────────────────────────────┐
│  나는 .........................................  │
│       .........................................  │
│                                                 │
│   ........................ 했을 때,  ....... 했어. │
│                                                 │
│              하기를 원해(하면 좋겠어).              │
│   ...........................................    │
└─────────────────────────────────────────────────┘
```

🍅 농부와 까마귀가 원하는 것이 각각 무엇인지 모두 쓰세요.

농부	까마귀

🍅 농부와 까마귀가 서로 '윈윈'하는 방법에는 무엇이 있을까요?

이름 ....

🍎 내가 사과받은 경험을 쓰고, 친구의 경험도 쓰세요.

	사과를 받은 경험 🍎
나	
친구 이름	

🍎 진정한 사과에는 어떤 내용이 들어가면 좋을지 토의하고 쓰세요.

❶

❷

❸

사과하고 싶었지만 하지 못한 사람에게 사과의 단계를 생각하며 사과문을 쓰세요.

에게

초등학생을 위한 사회성·감성 향상 프로그램

마음트리

2020년 12월 17일 | 초판 1쇄 발행
2022년　 5월 17일 | 초판 2쇄 발행

지은이 성진아
편집·마케팅 고명희, 송경희, 서이슬, 김지현
제작 류제양

디자인 조선아
일러스트 조선아, 류주리

펴낸이 이찬승
펴낸곳 교육을바꾸는사람들

출판등록 2012년 04월 10일 | 제313-2012-114호
주소 서울시 마포구 양화로 7길 76 평화빌딩 3층

홈페이지 http://21erick.org
이메일 gyobasa@21erick.org
포스트 post.naver.com/gyobasa_edu
유튜브 youtube.com/user/gyobasa
트위터 twitter.com/GyobasaNPO
인스타그램 instagram.com/gyobasa/

전화 02-320-3600
팩스 02-320-3611

ISBN 978-89-97724-08-6 (93370)
CIP 2020049278